ERSTE AUSGABE - Veröffentlicht 2022

Extra Grafikmaterial von: www.freepik.com
Dank an: Alekksall, Starline, Pch.vector, Rawpixel.com, Vectorpocket, Dgim-studio, Upklyak, Macrovector, Stockgiu, Pikisuperstar & Freepik.com Designers

Kostenlose Online-Spiele Entdecken

Hier Erhältlich:

BestActivityBooks.com/FREEGAMES

5 TIPPS FÜR DEN ANFANG!

1) LÖSUNG DER RÄTSEL

Die Puzzles haben ein klassisches Format :

- Die Wörter sind ohne Abstand, Bindetrich usw… versteckt
- Richtung : vor-& rückwärts, auf & ab oder in der Diagonale (beider Richtungen)
- Die Wörter können übereinanderliegen oder sich kreuzen

2) AKTIVES LERNEN

Neben jedem Wort ist ein Abstand vorgesehen zum Aufschreiben der Übersetzung. Um ihre Kenntnisse zu überprüfen und zu erweitern befindet sich am Ende des Buches ein **WÖRTERBUCH**. Suchen sie die Übersetzungen, schreiben sie sie auf, dann können sie sie in den. Puzzles suchen und ihrem Wortschatz hinzufügen.

3) ANZEICHNUNG DER WÖRTER

Haben sie schon einmal versucht eine Anzeichnung zu verwenden? Sie könnten zum Beispiel die Wörter, die schwer zu finden sind, ankreuzen, die Wörter, die sie lieben, mit einem Stern, neue Wörter mit einem Dreieck, seltene Wörter mit einem Diamant usw … anzeichnen

4) IHR LERNEN ORGANISIEREN

Am Ende dieser Ausgabe bieten wir auch ein praktisches **NOTIZBUCH** an. Ob im Urlaub, auf Reisen oder zu Hause, sie können ihr neues Wissen ganz einfach organisieren, ohne ein zweites Notizbuch zu benötigen!

5) SIND SIE AM SCHLUSS ?

Gehen sie zum Bonusbereich : **MONSTER-HERAUSFÖRDERUNG,** um ein kostenloses Spiel zu finden, das am Ende dieser Ausgabe angeboten wird !

Lust auf mehr Spaß und **Lernaktivitäten? Schnell und einfach :** eine ganze Spielbuchsammlung mit einem einzigen Klick erhaltbar :

Mit diesem Link finden sie ihre nächste Herausforderung :

BestActivityBooks.com/MeineNachsteWortsuche

Achtung, fertig, ... Los !!

Wussten sie, dass es auf der Welt ungefähr 7.000 verschiedene Sprachen gibt ? Wörter sind kostbar.

Wie lieben Sprachen und haben schwer daran gearbeitet, die Bücher von höchster Qualität für sie zu entwerfen. Unsere Zutaten ?

Eine Auswahl von angepassten Lernthemen, drei große Scheiben Spaß, dann fügen wir einen Löffel schwieriger Wörter und eine Prise seltener Wörter hinzu. Wir servieren sie mit Sorgfalt und ein Maximum an Freude, damit sie die besten Wortspiele lösen und Spaß am Lernen haben.

Ihre Meinung ist wichtig. Sie können aktiv zum Erfolg dieses Buches beitragen, indem sie uns eine Bemerkung hinterlassen. Sagen sie uns, was ihnen an dieser Ausgabe am besten gefallen hat !!

Hier ist ein kurzer Link, der sie zu ihrer Bewertungsseite führt

BestBooksActivity.com/Rezension50

Vielen Dank für ihre Hilfe und viel Spaß

Linguas Classics

1 - Gesundheit und Wellness #2

```
D  I  Í  C  P  Í  O  B  N  W  V  M  I  C  J  E
E  E  N  E  I  G  I  H  R  A  U  C  S  Z  B  M
N  E  P  F  E  O  Y  E  F  U  A  A  T  U  X  O
F  H  E  O  E  L  B  A  D  U  L  A  S  R  Q  S
E  O  U  T  R  C  K  U  I  V  M  A  S  A  J  E
R  S  A  I  G  T  C  A  U  P  M  T  É  Í  A  P
M  P  L  T  N  Q  E  I  M  O  V  E  R  G  N  K
E  I  I  E  A  O  C  S  Ó  B  M  I  T  R  A  R
D  T  U  P  S  I  O  D  M  N  F  D  S  E  T  I
A  A  A  A  G  E  N  É  T  I  C  A  E  N  O  E
D  L  N  L  Y  D  O  A  W  C  W  S  F  E  M  S
J  N  M  A  E  X  J  X  Í  Y  B  Y  C  S  Í  G
N  L  Q  Y  L  R  C  A  L  O  R  Í  A  A  A  O
F  X  G  L  T  D  G  Í  Z  T  S  Q  B  O  X  S
C  U  F  Z  B  W  R  I  M  R  O  D  W  F  X  V
T  Z  O  J  T  Q  C  R  A  N  I  M  A  T  I  V
```

ALERGIA	INFECCIÓN
ANATOMÍA	CALORÍA
APETITO	HOSPITAL
SANGRE	ENFERMEDAD
DIETA	MASAJE
ENERGÍA	RIESGOS
GENÉTICA	DORMIR
SALUDABLE	DEPORTES
PESO	ESTRÉS
HIGIENE	VITAMINA

2 - Ozean

```
Q I B C A N E N L G L Z R Y S O
B O Q D A A N G U I L A J Q A B
A L T M G M W T I B U R Ó N L J
R A Z T U L A Í P M E D U S A B
C S K Í T E D R E F I C E R R A
O B W C R B A Y Ó S C V Í Z O Y
D J S F O P L U P N P G I X C R
A M E Í T O S T R A T O P Z H Q
C A J R L F A L Y B U D N V M F
S R O U G P J Y K G F O Í J P U
E E Z P A N R T N U Z S I J A Q
P A N E L L A B T H H Z P T C U
T S Q E Y J R C D E L F Í N A N
U T O D Y Z B I H H R T T I T J
M K K Í S A E Í C H X K T A Ú M
T O R M E N T A O X I A W U N B
```

ANGUILA
OSTRA
BARCO
DELFÍN
PESCADO
CAMARÓN
MAREAS
TIBURÓN
CORAL
CANGREJO

PULPO
MEDUSA
ARRECIFE
SAL
TORTUGA
ESPONJA
TORMENTA
ATÚN
BALLENA
OLAS

3 - Krankheit

```
O  P  R  E  U  C  I  H  Í  C  H  W  V  R  Q  Z
I  N  M  U  N  I  D  A  D  R  O  U  M  U  K  U
A  C  A  L  Z  P  U  D  E  Ó  E  S  E  E  M  U
L  O  I  I  Q  A  L  X  J  N  A  N  I  S  B  W
E  R  P  B  R  T  A  U  I  I  C  Q  D  S  O  L
R  A  A  É  U  E  S  G  M  C  F  D  G  S  I  S
G  Z  R  D  U  X  T  C  R  A  V  B  U  K  D  A
I  Ó  E  E  N  Ó  I  C  A  M  A  L  F  N  I  B
A  N  T  D  P  O  E  M  A  D  K  X  S  N  L  D
S  G  E  N  É  T  I  C  O  B  J  Í  W  F  F  O
C  O  N  T  A  G  I  O  S  O  V  P  W  Z  O  M
R  E  S  P  I  R  A  T  O  R  I  O  P  B  N  I
X  Y  W  E  I  R  A  S  Í  N  D  R  O  M  E  N
H  E  R  E  D  I  T  A  R  I  O  T  N  U  V  A
N  E  U  R  O  P  A  T  Í  A  A  Z  E  I  G  L
B  I  E  N  E  S  T  A  R  O  Q  V  S  I  C  K
```

ABDOMINAL	CORAZÓN
ALERGIAS	INMUNIDAD
CONTAGIOSO	HUESOS
RESPIRATORIO	CUERPO
BACTERIANO	NEUROPATÍA
CRÓNICA	DÉBIL
INFLAMACIÓN	SENO
HEREDITARIO	SÍNDROME
GENÉTICO	TERAPIA
SALUD	BIENESTAR

4 - Meditation

```
J Z Q C F N K T W I L B B N P A
S O T N E I M A S N E P O A E Z
C A M X L S J T O Q Q M N T R F
L C E M I N I J Z Z Í H D U S Z
A E N T C K C L Z I J U A R P M
R P T Y I B E H E H L U D A E A
I T E A D N Ó I C N E T A L C P
D A M L A C G B O V C L V E T R
A C S A D Y D R O B B I M Z I E
D I I T N U T M A B Y N O A V N
Y Ó B N J Z E H C T C J V U A D
Z N R E O T N E I M I V O M Z E
U Í F M K G E W S A J T P F E R
X O I P J Q X F Ú M B R U A W P
Y S Y R S Y U S M E J J F D Z H
S C O M P A S I Ó N H R K N T X
```

ACEPTACIÓN
ATENCIÓN
MOVIMIENTO
GRATITUD
BONDAD
PAZ
PENSAMIENTOS
MENTAL
FELICIDAD

CLARIDAD
APRENDER
COMPASIÓN
MÚSICA
NATURALEZA
PERSPECTIVA
CALMA
SILENCIO
MENTE

5 - Archäologie

```
A B F D A D E Ü G I T N A H K R
R N K L E C S E D Q Y J O U P E
E Ó Á Q O S G E E P L G T E R L
E I N L Y Q C P G E E W R S H I
D C E Z I K D O P I U Q E O B Q
X A G C J S G V N Z Z V P S E U
Y U O D A D I V L O K T X V L I
J L U Y R Í U S E G C V E V P A
W A G U Z A K X K B H I H U R K
O V I K G S G E T E M J D O O Q
C E T N E I D N E C S E D O F G
T A N O F T E R M K Q X J K E Y
Z U A H T R V E P M B N P K S G
N E M W P S B Z L I S Ó F Q O J
X K S B I H Q S O T E J B O R V
D O Í S A M I S T E R I O J N F
```

ANÁLISIS

ANTIGÜEDAD

EVALUACIÓN

ERA

EXPERTO

FÓSIL

MISTERIO

TUMBA

HUESOS

EQUIPO

DESCENDIENTE

OBJETOS

PROFESOR

RELIQUIA

TEMPLO

DESCONOCIDO

ANTIGUO

OLVIDADO

6 - Gesundheit und Wellness #1

```
T  W  F  T  X  A  E  E  Í  P  I  V  O  E  Y  J
C  I  O  R  O  T  C  O  D  Z  H  N  U  D  N  B
Y  L  B  F  A  R  E  F  L  E  J  O  D  S  O  Z
L  A  L  A  M  C  C  L  Í  N  I  C  A  Q  T  O
E  D  R  R  G  É  T  H  B  N  D  R  N  H  N  V
X  G  Z  M  R  D  D  U  R  X  N  Ó  I  S  E  L
K  Í  S  A  H  S  O  I  R  Í  Ó  Y  C  O  I  E
A  I  B  C  O  V  I  T  C  A  I  L  I  I  M  I
N  R  A  I  H  Í  R  S  P  O  C  H  D  V  A  P
I  U  C  A  A  Á  T  U  A  C  A  A  E  R  T  I
A  T  T  T  O  H  B  R  J  Q  J  M  M  E  A  I
B  T  E  G  M  O  Z  I  I  S  A  B  W  N  R  Z
K  A  R  U  T  L  A  V  T  O  L  R  I  T  T  F
V  E  I  N  E  D  G  J  Z  O  E  E  X  F  P  S
U  A  A  I  P  A  R  E  T  W  R  Z  T  C  W  B
O  G  S  O  S  E  U  H  T  W  Í  A  C  E  M  E
```

ACTIVO	HAMBRE
FARMACIA	CLÍNICA
DOCTOR	HUESOS
BACTERIAS	MEDICINA
TRATAMIENTO	MÉDICO
RELAJACIÓN	NERVIOS
FRACTURA	REFLEJO
HÁBITO	TERAPIA
PIEL	LESIÓN
ALTURA	VIRUS

7 - Obst

```
X  S  Z  C  J  Y  A  N  I  R  A  T  C  E  N  C
R  J  K  E  Z  Y  G  Y  Q  L  A  U  C  T  P  E
D  Q  Y  A  I  S  U  N  A  R  A  N  J  A  A  R
Í  S  P  F  Y  S  A  V  C  B  W  L  G  V  P  E
H  C  E  U  Q  O  C  I  R  A  B  L  A  U  A  Z
K  I  W  I  P  Z  A  F  O  R  H  V  P  Y  Y  A
G  B  K  O  I  V  T  I  V  Z  Q  I  X  O  A  F
G  U  S  M  Ñ  L  E  Í  J  S  U  Y  X  Z  O  R
L  N  G  P  A  M  E  L  O  C  O  T  Ó  N  F  A
A  C  Í  N  O  O  G  J  B  R  O  C  O  C  L  M
A  N  B  O  R  M  A  N  Z  A  N  A  V  F  I  B
C  I  R  U  E  L  A  T  M  F  A  V  B  B  M  U
M  I  S  J  F  O  W  A  M  Z  T  I  S  R  Ó  E
O  B  I  M  O  M  B  Y  R  F  Á  G  G  S  N  S
R  I  F  S  V  N  J  O  M  E  L  Ó  N  R  Q  A
A  W  H  R  P  R  P  M  M  J  P  F  T  Q  E  R
```

PIÑA	KIWI
MANZANA	COCO
ALBARICOQUE	MELÓN
AGUACATE	NECTARINA
PLÁTANO	NARANJA
BAYA	PAPAYA
PERA	MELOCOTÓN
MORA	CIRUELA
FRAMBUESA	UVA
CEREZA	LIMÓN

8 - Universum

```
M  V  F  J  D  S  A  X  X  G  X  M  A  E  H  V
X  I  N  O  P  Y  S  F  Y  W  C  H  B  O  Ó  I
Z  S  U  I  L  Z  T  N  G  A  L  A  X  I  A  N
L  I  J  R  U  Q  E  E  B  Í  P  T  R  C  R  Y
D  B  D  E  N  C  R  C  Y  M  B  I  C  I  E  T
U  L  O  F  A  U  O  U  I  O  P  B  I  T  F  G
T  E  P  S  M  U  I  A  I  N  A  R  H  S  S  A
I  E  E  I  C  D  D  D  X  O  T  Ó  O  L  Ó  S
T  G  L  M  U  U  E  O  N  R  Z  F  R  O  M  T
A  J  R  E  I  Z  R  R  J  T  Z  N  I  S  T  R
L  Í  G  H  S  V  C  I  W  S  G  D  Z  F  A  Ó
D  Í  D  A  T  C  E  M  D  A  Z  O  O  J  V  N
P  E  Q  L  E  H  O  R  M  A  D  I  N  L  L  O
Z  O  D  Í  A  C  O  P  H  L  D  O  T  Z  H  M
L  O  N  G  I  T  U  D  I  Q  K  A  E  P  W  O
C  Ó  S  M  I  C  O  F  D  O  L  E  I  C  H  K
```

ASTEROIDE
ASTRÓNOMO
ASTRONOMÍA
ATMÓSFERA
EÓN
ECUADOR
LATITUD
OSCURIDAD
GALAXIA
HEMISFERIO

CIELO
HORIZONTE
CÓSMICO
LONGITUD
LUNA
ÓRBITA
VISIBLE
SOLSTICIO
TELESCOPIO
ZODÍACO

9 - Camping

```
Z W P A Z E L A R U T A N W I Q
N G P V K R L A G O H I I E H T
U T D E M O N T A Ñ A A Z A C I
C G K N B S Y S E B V F M T W P
Í J R T W O D N A R A H U A G Í
F G N U J R S W A O N A C E C U
T F Y R V E C Q N I I N Í S G A
A M B A A R A E U S B R H V C O
Q A C W D B R J L E A E G J W H
J P B C R M P U S L C T Í H C Q
P A F E E O A J P A G N R F X Y
Q W P S U S B S J M V I X F K H
I N S E C T O W A I Í L D G D B
D I V E R S I Ó N N H A M V N U
B F D T Í Y H E Í A L U J Ú R B
B Y O H R T F Y N G H D F A Y H
```

AVENTURA
MONTAÑA
FUEGO
HAMACA
SOMBRERO
INSECTO
CAZA
CABINA
CANOA
MAPA

BRÚJULA
LINTERNA
LUNA
NATURALEZA
LAGO
CUERDA
DIVERSIÓN
ANIMALES
BOSQUE
CARPA

10 - Zeit

```
J  Z  N  U  P  P  P  Y  H  J  F  O  C  N  U  J
V  C  A  L  E  N  D  A  R  I  O  S  R  B  S  U
T  L  Í  C  H  D  C  N  E  Q  E  L  A  I  E  M
E  T  D  G  C  D  U  A  Y  S  Y  U  E  W  M  E
M  U  M  C  O  S  U  Ñ  A  I  J  Q  D  R  A  D
I  Q  U  E  N  M  W  A  S  G  Q  U  Q  G  N  I
N  Y  E  T  S  U  V  M  S  L  F  M  P  F  A  O
U  D  E  S  P  U  É  S  Q  O  M  U  J  Q  D  D
T  E  V  E  F  U  T  U  R  O  F  H  H  A  Í  Í
O  G  J  T  Z  D  L  R  F  M  X  P  A  V  G  A
J  W  I  N  T  P  H  R  H  A  I  C  W  D  D  S
C  A  H  A  Y  D  L  Y  L  V  W  Y  Í  É  L  L
V  S  S  H  O  Y  A  Ñ  O  K  G  Z  C  C  A  E
G  X  L  W  Y  Q  U  R  G  N  J  D  F  A  V  X
N  J  U  L  Z  B  N  H  O  W  S  U  B  D  G  S
U  Í  C  Í  O  N  A  R  O  H  A  S  I  A  X  N
```

AYER

HOY

AÑO

SIGLO

DÉCADA

ANUAL

AHORA

CALENDARIO

MINUTO

MEDIODÍA

MES

MAÑANA

DESPUÉS

NOCHE

HORA

DÍA

RELOJ

ANTES

SEMANA

FUTURO

11 - Säugetiere

```
N  U  P  Q  E  H  I  T  Í  G  C  C  M  M  C  U
H  E  B  I  X  S  F  O  V  O  S  O  R  R  E  P
K  R  W  D  Y  W  V  R  F  R  W  H  Y  U  B  R
J  I  R  A  F  A  O  O  M  I  C  P  C  O  B  A
B  A  L  L  E  N  A  S  Q  L  A  I  A  D  T  R
R  A  T  A  P  N  J  A  O  A  B  T  S  H  I  E
D  Y  D  A  R  B  E  C  Y  G  A  I  T  Í  L  T
N  A  E  D  M  Q  V  N  K  I  L  G  O  Y  G  N
M  G  Í  M  V  J  O  Í  E  D  L  R  R  O  E  A
C  A  N  G  U  R  O  C  K  M  O  E  Y  I  Q  P
Z  O  R  R  O  A  A  S  H  O  B  O  L  I  S  G
I  B  E  Q  E  L  N  T  M  N  U  H  J  E  L  P
C  E  L  E  F  A  N  T  E  O  O  A  I  X  Ó  A
C  S  V  O  F  C  A  N  Y  H  E  S  O  A  P  N
T  F  Z  D  Í  C  H  J  Í  E  S  Z  T  V  Y  S
D  F  T  T  H  N  K  E  Q  L  A  L  U  P  G  X
```

MONO	LEÓN
OSO	PANTERA
CASTOR	CABALLO
ELEFANTE	RATA
ZORRO	OVEJA
JIRAFA	TORO
GORILA	TIGRE
PERRO	BALLENA
CANGURO	LOBO
COYOTE	CEBRA

12 - Algebra

```
F F N Ó I C U L O S B R A W E V
Ó A Í Z O A D I A G R A M A X A
R C N R E N V D J E H K S R P R
M T N F K T A G M I N S Q E O I
U O M Q V I I N F I N I T O N A
L R R U O D C F H B U M L P E B
A M N E D A M E L B O R P C N L
E A I G M D H G W E H Z S E T E
S T Y N R Ú G D Í Q D H Q F E U
U R S Ó E X N J R E S O L V E R
M I M I S Y A Q V C D Y S T Q X
A Z I C T F A L S O E D X C E L
N Ó I C A U C E K Y T R R L B C
P V V A J U Y D F F K X O D W T
R I M R A C I F I L P M I S F J
V B X F O I J V N J N I P R V V
```

FRACCIÓN	MATRIZ
DIAGRAMA	CANTIDAD
EXPONENTE	CERO
FACTOR	NÚMERO
FALSO	PROBLEMA
FÓRMULA	RESTA
ECUACIÓN	SUMA
LINEAL	INFINITO
RESOLVER	VARIABLE
SOLUCIÓN	SIMPLIFICAR

13 - Philanthropie

```
H G E N E R O S I D A D M J M K
D U T N E V U J Q L J N E O I T
C H M D P S O D N O F X T H S U
O D L A B O L G S F N Q A J I N
M P R F N Ñ Í L R U N E S V Ó E
U L D A D I T S E N O H D F N C
N J C J R N D Í H X P Í O I P E
I Q I S O T C A T N O C N N R S
D A D I R A C U D T S P A A O I
A I F J B C O H O M J P R N G T
D R C O A P Q F C R S Y C Z R A
S O P U R G T P K M T Y R A A R
Z T T G M E P Ú B L I C O S M L
Z S N W I N Q D P X Q W U X A V
M I W Y E T W X W N C M R I S Q
Z H K E J E S K Q V B O Z G M X
```

NECESITAR
HONESTIDAD
FINANZAS
COMUNIDAD
HISTORIA
GLOBAL
GENEROSIDAD
GRUPOS
JUVENTUD
NIÑOS

CONTACTOS
GENTE
HUMANIDAD
MISIÓN
FONDOS
CARIDAD
PÚBLICO
PROGRAMAS
DONAR
METAS

14 - Diplomatie

```
D E M B A J A D A N O U T T I W
I D C O O P E R A C I Ó N R D P
P I M B S E G U R I D A D A I G
L S S N M K D E P R K L A T O E
O C Y M I Q U C L S H Z D A M X
M U R O D A J A B M E A I D A T
Á S O X A C Í E S O P G N O S R
T I S E D I I N N O N U U Q Q A
I Ó E P I T P U X E L G M V Í N
C N S K R É A O D U L U O U W J
O I A S G A A D L A I U C L G E
H O N R E I B O G Í D F N I Z R
B G M Í T G K S D N T A S R Ó O
H U M A N I T A R I O I N I Q N
U O T C I L F N O C I Y C O W H
L X B J U S T I C I A T I A S E
```

EXTRANJERO	HUMANITARIO
ASESOR	INTEGRIDAD
EMBAJADA	CONFLICTO
EMBAJADOR	SOLUCIÓN
CIUDADANOS	POLÍTICA
DIPLOMÁTICO	GOBIERNO
DISCUSIÓN	SEGURIDAD
ÉTICA	IDIOMAS
COMUNIDAD	TRATADO
JUSTICIA	COOPERACIÓN

15 - Astronomie

```
A Z W T M E T E O R O R K N M G
R S O L E I C A P V B L K A A R
R U T D F N H S I E F E U E L L
F Y Í E Í F P W Q S C D B J L X
L W W F R A V O N R E P U S E V
A A T E M O C Í C X V T R Q R D
C S E A I S I O S A T É L I T E
Z O P V T J R D N E B U L O S A
M M H H W O S R E V I N U I E T
V S Z E T E L E S C O P I O Y E
U O Q A T U A N O R T S A L M N
W C I E A E T I E R R A S U U A
O B S E R V A T O R I O L N R L
A S T R Ó N O M O T O N J A F P
S F T C O N S T E L A C I Ó N E
S S R F E N Y T Y A X X J Z F S
```

ASTEROIDE	NEBULOSA
ASTRONAUTA	OBSERVATORIO
ASTRÓNOMO	PLANETA
TIERRA	COHETE
CIELO	SATÉLITE
COMETA	ESTRELLA
CONSTELACIÓN	SUPERNOVA
COSMOS	TELESCOPIO
METEORO	ZODÍACO
LUNA	UNIVERSO

16 - Ballett

```
R G E S T O O A R T Í S T I C O
T I X H P L Y R A P L A U S O E
Z D T Í B O O C Q X X U L D F N
F Q B M Z S V I F U D R U R E S
B Í X V O V Í Y E P E N I A S A
C O M P O S I T O R B S V Í T Y
A G R A C I A D O B A O T F I O
I N T E N S I D A D I L K A L V
C V K A P E J A K B L U K R O I
N O X H P M G D T B A C Z G Z S
E C U P P Ú Í I P Í R S V O Í E
I S O L G S E L W H I Ú W E C R
D Í B A K I B I A F N M L R T P
U Y B N Q C L B G L A P J O M X
A T C G Q A T A K D A J J C M E
T É C N I C A H H J G A X Í Q T
```

AGRACIADO
APLAUSO
EXPRESIVO
BAILARINA
COREOGRAFÍA
HABILIDAD
GESTO
INTENSIDAD
COMPOSITOR
ARTÍSTICO

MÚSICA
MÚSCULOS
ORQUESTA
ENSAYO
AUDIENCIA
RITMO
SOLO
ESTILO
TÉCNICA

17 - Geologie

```
K L G B S E L A R E N I M X F S
H L R J W P O Y J E R Q S I Ó X
C O N T I N E N T E O O F B S Q
E S T A L A G M I T A S S W I R
C A V E R N A C A L C I O I L O
C U A R Z O M C N H K A O D Ó T
M K O C E G S R U L W T Y J C N
E P X Z R V W M L C I I V I L Á
S Á I G T E R R E M O T O S A C
E C F E É L B M R F V C A A V L
T I U L D I P J Í K G A C L A O
A D N Í B R S E O Z Z L R A P V
Y O D K M T A E O W F A T R E F
N E I Í L H W H R J K T G O R D
Q H D Z O N A G P S T S S C R N
Y R O H T P D M D E D E C U K U
```

TERREMOTO	MINERALES
EROSIÓN	MESETA
FÓSIL	CUARZO
FUNDIDO	SAL
GÉISER	ÁCIDO
CAVERNA	ESTALAGMITAS
CALCIO	ESTALACTITA
CONTINENTE	PIEDRA
CORAL	VOLCÁN
LAVA	ZONA

18 - Wissenschaft

```
W  L  N  M  B  H  J  X  A  M  M  D  Z  K  P  G
H  I  P  D  V  Í  E  B  Í  Í  T  S  R  Q  L  R
I  V  Y  Í  N  Ó  I  C  U  L  O  V  E  U  A  A
P  W  G  I  E  H  A  B  H  L  P  P  V  Í  N  V
Ó  O  M  S  I  N  A  G  R  O  L  Q  L  M  T  E
T  O  M  O  T  Á  T  U  J  W  Z  O  I  I  A  D
E  I  M  I  N  E  R  A  L  E  S  T  Q  C  S  A
S  R  C  I  E  N  T  Í  F  I  C  O  T  O  Y  D
I  O  D  V  B  E  X  P  E  R  I  M  E  N  T  O
S  T  F  E  T  Í  T  Y  X  P  M  D  I  L  V  Z
N  A  T  U  R  A  L  E  Z  A  É  F  A  V  H  A
O  R  C  A  L  N  L  M  Í  Í  T  Ó  M  T  O  Y
Q  O  P  I  Í  F  K  B  C  T  O  S  I  W  O  D
M  B  I  E  S  R  H  H  V  N  D  I  L  T  I  S
S  A  L  U  C  Í  T  R  A  P  O  L  C  A  L  L
T  L  D  T  U  T  F  M  O  L  É  C  U  L  A  S
```

ÁTOMO	MINERALES
QUÍMICO	MOLÉCULAS
DATOS	NATURALEZA
EVOLUCIÓN	ORGANISMO
EXPERIMENTO	PARTÍCULAS
FÓSIL	PLANTAS
HIPÓTESIS	FÍSICA
CLIMA	GRAVEDAD
LABORATORIO	HECHO
MÉTODO	CIENTÍFICO

19 - Bildende Kunst

```
A  R  T  I  S  T  A  C  E  C  Z  Y  D  I  K  R
C  C  Z  V  E  I  A  A  L  L  I  T  N  A  L  P
R  P  E  X  H  Q  N  R  S  W  P  B  O  F  V  U
E  E  H  R  D  U  N  B  F  X  Á  A  B  O  A  W
A  L  K  T  Á  M  A  Ó  H  Y  L  R  R  T  R  Q
T  Í  I  S  Z  M  V  N  O  E  Y  N  A  O  C  D
I  C  Í  W  C  O  I  X  B  T  X  I  M  G  I  R
V  U  T  F  C  R  T  C  T  U  T  Z  A  R  L  E
I  L  A  M  Í  G  C  K  A  I  F  W  E  A  L  T
D  A  O  G  L  I  E  T  C  T  Z  U  S  F  A  R
A  R  U  T  N  I  P  W  T  C  R  A  T  Í  O  A
D  Y  Y  N  M  K  S  C  E  R  A  M  R  A  U  T
B  G  Í  U  B  V  R  L  P  B  Y  U  A  B  J  O
O  I  D  G  M  Y  E  E  S  C  U  L  T  U  R  A
K  B  Y  A  H  T  P  M  W  A  M  P  N  O  A  C
A  R  Q  U  I  T  E  C  T  U  R  A  U  L  G  M
```

ARQUITECTURA	BARNIZ
LÁPIZ	OBRA MAESTRA
PELÍCULA	PERSPECTIVA
FOTOGRAFÍA	RETRATO
PINTURA	PLANTILLA
CARBÓN	ESCULTURA
CERÁMICA	PLUMA
CREATIVIDAD	ARCILLA
TIZA	CERA
ARTISTA	

20 - Sport

```
I  I  P  E  H  G  H  D  N  Q  H  D  Q  M  W  V
O  M  P  C  N  Ó  I  C  I  R  T  U  N  E  D  C
T  J  D  D  Y  T  J  G  O  V  L  L  Í  T  E  I
O  E  B  U  A  Z  R  E  U  F  U  A  H  A  P  C
W  R  A  R  I  P  S  E  R  R  H  S  H  B  O  L
Z  P  S  N  X  K  J  Z  N  R  H  V  V  Ó  R  I
B  A  I  L  E  Q  N  N  D  A  Í  W  V  L  T  S
S  T  U  W  F  V  G  W  A  C  D  F  F  I  E  M
C  E  N  Y  B  S  J  N  D  D  M  O  R  C  S  O
S  M  T  M  Í  K  S  Í  I  X  A  Y  R  O  L  T
R  E  S  I  S  T  E  N  C  I  A  R  V  H  J  O
M  Ú  S  C  U  L  O  S  A  Í  T  T  G  Y  B  E
W  L  O  V  C  U  E  R  P  O  E  I  E  N  M  B
H  U  E  S  O  S  F  M  A  B  I  N  K  L  U  D
P  R  O  G  R  A  M  A  C  X  D  H  Y  A  T  N
R  E  E  Y  M  M  A  X  I  M  I  Z  A  R  K  A
```

ATLETA	METABÓLICO
RESPIRAR	MÚSCULOS
RESISTENCIA	PROGRAMA
DIETA	CICLISMO
NUTRICIÓN	NADAR
CAPACIDAD	DEPORTES
SALUD	FUERZA
HUESOS	BAILE
CUERPO	ENTRENADOR
MAXIMIZAR	META

21 - Mythologie

```
Í  F  F  H  L  N  Z  G  B  V  U  C  Z  U  K  A
A  R  U  T  A  I  R  C  E  J  V  A  Z  M  H  R
O  L  E  I  C  D  F  V  G  X  Í  R  F  P  D  Q
T  X  R  T  R  U  E  N  O  M  O  U  C  Í  Í  U
N  B  Z  W  Z  N  C  F  J  B  W  T  E  L  W  E
I  D  A  M  Á  G  I  C  O  A  V  L  L  I  K  T
R  M  Z  D  Z  D  Z  A  M  K  K  U  O  S  Y  I
E  O  N  D  N  Ó  I  C  A  E  R  C  S  F  R  P
B  N  A  E  M  E  T  N  A  F  N  U  I  R  T  O
A  S  G  S  O  O  Y  G  U  E  R  R  E  R  O  R
L  T  N  A  R  R  E  E  P  T  O  R  B  H  V  A
R  R  E  S  T  É  V  N  L  U  F  C  P  F  N  Y
U  U  V  T  A  H  Q  D  W  S  F  D  Q  S  D  O
T  O  C  R  L  A  P  X  G  J  U  D  F  I  H  P
O  W  O  E  I  N  M  O  R  T  A  L  I  D  A  D
B  X  E  O  Q  Y  I  U  V  O  E  O  F  Q  J  L
```

ARQUETIPO	CULTURA
RAYO	LABERINTO
TRUENO	LEYENDA
CELOS	MÁGICO
HÉROE	MONSTRUO
CIELO	VENGANZA
DESASTRE	FUERZA
CREACIÓN	MORTAL
CRIATURA	TRIUNFANTE
GUERRERO	INMORTALIDAD

22 - Restaurant #2

```
A Y K P D H C Í O A O T B J E Í
Y C Z D S Y M U R E X V B U X K
Y L F D U E V B E B I D A I G Q
V E R D U R A S R V T D D B O V
C S Í A T U R F A B E K A Y V S
P E K E L X F U M L N O L E I H
Y A N H Í M Í C A R E C A K T X
W X J A B A U T C Z D U S T I T
F I D E O S E E Q F O C N S R Q
S I L L A J S I R D R U E A E O
X K E T T K P A F Z H C B L P D
R R T M R P E N I I O H X T A B
X Í S C Y M C S G O D A C S E P
I C A T P A I A G U A R P R J T
Í I P A X Y A S Z J F A X O H I
S L U N F L S D E L I C I O S O
```

CENA	PASTEL
HIELO	CUCHARA
PESCADO	ALMUERZO
FRUTA	FIDEOS
TENEDOR	ENSALADA
VERDURAS	SAL
BEBIDA	SILLA
ESPECIAS	SOPA
CAMARERO	APERITIVO
DELICIOSO	AGUA

23 - Ökologie

```
V A R J D B D S Y P E Í M Y A C
S E I C E P S E E Z E T S Y K O
U L G J H T E A G Q T L Í D R M
P B H E A A W C L C U Z F U H U
E I W G T U Y D O Z Z Í K D Y N
R N I P T A T I B Á H V A G B I
V E N V E U C S A Ñ A T N O M D
I T L Z W L T I L N Z B U D M A
V S A T N A L P Ó K E V A U C D
E O R U V R A W E N L T F N N E
N S O S R U C E R I A X N E V S
C H L N T T P Z Z P R V O I E W
I T F I F A A M Y B U E D D V F
A U R O N N Í N Y X T K P P Q N
P A N T A N O N I R A M Y O K R
D I V E R S I D A D N C L I M A
```

ESPECIE
MONTAÑAS
SEQUÍA
FAUNA
FLORA
COMUNIDADES
GLOBAL
CLIMA
HÁBITAT
MARINO

SOSTENIBLE
NATURALEZA
NATURAL
PLANTAS
RECURSOS
PANTANO
SUPERVIVENCIA
VEGETACIÓN
DIVERSIDAD

24 - Schokolade

```
X R A M E M A C K C C A G E L F
Y S E O G R A M A O A N U X I A
X W V C A R O M A M R T S Ó N V
N Y T O E R A Z A E A I T T G O
R V O C K T C E T R M O O I R R
K C R S O A A B D Í E X S C E I
U K O T L R C Y A I L I S O D T
W R S E D T P D D A O D S B I O
I T O Y X E E O I K Í A Y X E W
O R I A H S E V L B Q N Í I N M
D Y C B D A A F A V R T D E T S
M T I J E N H Z C A O E C Í E J
D U L C E A L H Ú E Q N V O S O
E S E P Z L S R V C U L F Z L H
E Z D B S E T E U H A C A C G H
X K C A L O R Í A S W R A G X I
```

ANTIOXIDANTE	CALORÍAS
AROMA	CARAMELO
AMARGO	COCO
CACAHUETES	DELICIOSO
COMER	POLVO
EXÓTICO	CALIDAD
FAVORITO	RECETA
GUSTO	DULCE
ARTESANAL	AZÚCAR
CACAO	INGREDIENTE

25 - Boote

```
C  M  A  R  Í  T  I  M  O  C  I  T  U  Á  N  K
W  A  D  R  E  U  C  F  V  U  X  S  O  F  K  H
W  Y  N  Ó  I  C  A  L  U  P  I  R  T  Q  J  L
N  O  C  O  R  E  N  I  R  A  M  A  V  M  M  P
W  B  T  K  A  Y  A  K  V  E  L  E  R  O  K  R
F  S  E  W  Í  M  A  Í  F  E  R  R  Y  G  N  T
O  L  O  X  F  S  S  J  T  H  O  J  B  A  C  X
Z  L  N  I  P  A  C  C  U  M  T  W  X  L  Z  P
F  W  A  R  F  T  X  W  R  C  O  E  E  I  Q  T
R  X  É  S  O  Z  I  O  Í  Q  M  H  T  T  P  Z
Y  Í  C  P  D  B  V  O  K  S  Y  D  A  S  C  U
A  S  O  P  U  J  O  B  O  I  Q  B  N  Á  F  F
T  Q  O  F  I  H  B  A  L  S  A  Q  C  M  A  R
E  A  D  X  P  T  C  J  T  C  W  S  L  V  O  B
E  H  Z  S  D  G  G  J  F  R  F  D  A  Q  Y  L
D  N  F  M  O  J  J  O  Q  C  L  W  H  K  O  Y
```

ANCLA	MAR
BOYA	MOTOR
TRIPULACIÓN	NÁUTICO
FERRY	OCÉANO
BALSA	LAGO
RÍO	MARINERO
KAYAK	VELERO
CANOA	CUERDA
MARÍTIMO	OLAS
MÁSTIL	YATE

26 - Stadt

```
I  E  B  I  M  E  S  T  A  D  I  O  D  U  B  A
E  C  I  N  E  E  X  G  T  A  T  B  L  N  X  E
M  S  Z  S  A  T  R  N  O  Í  D  O  D  I  U  R
D  U  C  D  M  D  C  C  I  R  A  U  G  V  K  O
U  B  S  U  L  Q  B  I  A  E  T  Z  A  E  P  P
G  M  K  E  E  Q  K  H  W  D  E  K  N  R  K  U
B  G  P  G  O  L  U  I  P  A  O  I  S  S  G  E
T  F  J  M  Y  E  A  C  I  N  Í  L  C  I  A  R
Í  W  I  O  I  T  I  Z  Z  A  O  O  E  D  L  T
T  E  A  T  R  O  C  I  F  P  J  F  Z  A  E  O
L  C  K  D  B  H  A  A  M  J  H  C  O  D  R  J
W  Q  J  Í  C  Z  M  B  A  N  C  O  O  Z  Í  G
Y  C  Y  V  A  Í  R  E  R  B  I  L  K  F  A  G
R  A  N  M  O  D  A  C  R  E  M  R  E  P  U  S
S  H  U  Q  H  E  F  S  F  L  O  R  I  S  T  A
B  I  B  L  I  O  T  E  C  A  E  M  N  X  E  O
```

FARMACIA	CLÍNICA
BANCO	MERCADO
PANADERÍA	MUSEO
BIBLIOTECA	ESCUELA
FLORISTA	ESTADIO
LIBRERÍA	SUPERMERCADO
AEROPUERTO	TEATRO
GALERÍA	UNIVERSIDAD
HOTEL	ZOO
CINE	

27 - Aktivitäten

```
U D C P C A Z A C I Y E K O L A
Í A X I O A R U T S O C B C I R
Z Z Z N J E M T C C B O R D H T
L J K T O A Í P E L I A B V M E
R D L U S I R O I C O C D H F S
E M R R S G Í D Q N W S M G C A
L L J A T A O Í I Y G E S L E N
A P R R C M B U P N N P G L R Í
J Í F P Y H I K O D E O K X Á A
A L O C L A P A D A W R H R M L
C S H C U D L G H R J Y Í O I E
I M T Í A M A J U E G O S A C C
Ó F R B G C C I M J A F K W A T
N O M S I R E D N E S Q G P V U
G L A Í F A R G O T O F Z D I R
A C T I V I D A D A D D S U Q A
```

ACTIVIDAD
PESCA
CAMPING
RELAJACIÓN
FOTOGRAFÍA
OCIO
JARDINERÍA
PINTURA
CAZA
CERÁMICA

ARTE
ARTESANÍA
LECTURA
MAGIA
COSTURA
JUEGOS
TEJER
BAILE
PLACER
SENDERISMO

28 - Bienen

```
B  F  L  F  L  A  M  E  T  S  I  S  O  C  E  P
P  E  S  O  L  R  D  J  N  H  D  H  I  Q  X  O
L  F  N  J  S  E  T  N  F  J  Z  B  Í  Y  F  L
A  M  F  E  B  C  T  E  Q  L  A  D  N  Y  F  I
N  N  X  R  F  G  Z  H  G  E  C  M  Z  V  L  N
T  X  J  A  U  I  R  E  I  N  A  J  B  M  O  I
A  V  M  L  A  T  C  H  U  M  O  A  Q  R  R  Z
S  L  M  A  O  G  A  I  R  X  Z  R  D  S  E  A
I  N  G  S  R  T  N  I  O  Q  H  D  H  R  C  D
P  O  L  E  N  R  E  P  M  S  H  Í  Á  Í  U  O
S  T  Y  X  M  R  M  W  N  E  O  N  B  Z  E  R
W  C  A  C  I  T  L  N  T  R  W  F  I  I  U  L
D  E  F  V  E  P  O  T  Z  O  G  Í  T  B  K  S
Y  S  U  X  L  K  C  V  G  L  N  G  A  S  Z  G
X  N  R  C  W  G  P  Q  C  F  L  S  T  H  P  A
D  I  V  E  R  S  I  D  A  D  Z  U  M  I  T  M
```

POLINIZADOR	HÁBITAT
COLMENA	ECOSISTEMA
FLORES	PLANTAS
FLOR	POLEN
ALAS	HUMO
FRUTA	ENJAMBRE
JARDÍN	SOL
MIEL	DIVERSIDAD
INSECTO	BENEFICIOSO
REINA	CERA

29 - Wissenschaftliche Disziplinen

```
K A R Q U E O L O G Í A I S Í M
Í I Q U Í M I C A I U Í L O W I
P A N Z O O L O G Í A L W C N N
S B N E K E C O L O G Í A I E E
A C I T S Í Ü G N I L J R O U R
Q E M A C I M Í U Q O I B L R A
U Z M Í K O O Q W M N J F O O L
Q Z D G O O W L B M O K I G L O
A Í M O T A N A O U L K S Í O G
C V O L V N W L B G S C I A G Í
A Í M O N O R T S A Í R O J Í A
Z A C I N Á C E M C C A L M A Y
L U O B B O T Á N I C A O M U O
G E O L O G Í A Í A C W G X D Í
I N M U N O L O G Í A O Í H C H
P S I C O L O G Í A I I A W A J
```

ANATOMÍA
ARQUEOLOGÍA
ASTRONOMÍA
BIOQUÍMICA
BIOLOGÍA
BOTÁNICA
QUÍMICA
GEOLOGÍA
INMUNOLOGÍA
KINESIOLOGÍA

LINGÜÍSTICA
MECÁNICA
MINERALOGÍA
NEUROLOGÍA
ECOLOGÍA
FISIOLOGÍA
PSICOLOGÍA
SOCIOLOGÍA
ZOOLOGÍA

30 - Vögel

```
H  Í  V  W  S  E  A  G  I  N  J  Z  I  S  W  C
D  S  H  O  D  N  G  X  R  W  D  A  D  P  N  C
F  F  I  V  O  B  L  U  Í  N  P  G  N  I  E  W
T  T  Í  Y  E  G  O  L  L  O  P  F  P  N  H  C
X  O  S  H  L  M  R  C  U  E  R  V  O  G  A  H
Q  B  F  H  O  W  O  T  A  P  U  H  E  Ü  E  D
X  J  L  O  W  P  G  A  V  I  O  T  A  I  P  Z
F  W  A  Z  R  A  G  L  P  R  C  S  J  N  H  G
I  Z  M  K  T  A  H  I  Í  A  S  I  N  O  W  X
A  Ñ  E  Ü  G  I  C  U  D  U  V  Y  S  A  R  O
T  O  N  Á  C  U  T  G  E  W  X  O  R  N  G  A
C  O  C  P  D  Z  E  Á  D  M  Y  H  R  T  E  K
J  Í  O  V  E  U  H  T  E  T  Z  Ú  I  E  N  S
P  E  L  Í  C  A  N  O  C  U  C  B  P  B  A  P
G  O  R  R  I  Ó  N  N  U  N  Í  X  H  E  J  L
P  A  L  O  M  A  M  X  I  J  Z  V  L  E  D  Í
```

ÁGUILA	LORO
HUEVO	PELÍCANO
PATO	PAVO REAL
BÚHO	PINGÜINO
FLAMENCO	GARZA
GANSO	CISNE
POLLO	GORRIÓN
CUERVO	CIGÜEÑA
CUCO	PALOMA
GAVIOTA	TUCÁN

31 - Biologie

```
E D V K U P R O T E Í N A F E Y
C B O I V R E N N S P W N O N E
Q E M N K N E E F N H Q O T Z A
F C L W S Ó M G K L B P R O I R
W W N D E I O Á U E C L U S M D
F C O L A C S L A D Z A E Í A B
N X N A N A T O M Í A N N N Í Z
Q A Ó R Ó T I C I I R T E T Y P
K O I U I U W Q C B C A P E W Í
V T C T R M S I S O M S Ó S Q H
Q E U A B S I S P A N I S I Í D
D W L N M H O R M O N A S S E M
Z A O R E F Í M A M R E P T I L
X Í V C R O M O S O M A S T W Q
I K E R D U S P V X Y Q B Z X D
B H K W K G U X E H E R O G R K
```

ANATOMÍA	NEURONA
CROMOSOMA	ÓSMOSIS
EMBRIÓN	PLANTAS
ENZIMA	FOTOSÍNTESIS
EVOLUCIÓN	PROTEÍNA
HORMONA	REPTIL
COLÁGENO	MAMÍFERO
MUTACIÓN	SIMBIOSIS
NATURAL	SINAPSIS
NERVIO	CELDA

32 - Garten

```
E S T A N Q U E V P F E V P R H
M A L E Z A S Z A Á Z L X J A I
D H K A D G Z L R O L O A S E
A R B U S T O D L B Z M J R T R
L J C Í A O Y C A O Í X N E R B
A Z A R R E T V É L F E L U I A
P N O G A Z J Z S S Q U B G L D
H E K U Z E H B T J P H M N L G
Z U P O R C H E R B Q E F A O G
Y I E X B I K J A A T O D M Í J
L Z I R U S Z A M N J A R D Í N
D G N E T W O R P C J C S Y U X
X W U F I O O A O O R A K O L N
K Í V Q H C F G L A K M A U U Y
T M D U Q U O T Í D P A Q B O H
S U E L O O F O N D B H P C U Í
```

BANCO
ÁRBOL
FLOR
SUELO
ARBUSTO
GARAJE
JARDÍN
HIERBA
HAMACA
HUERTO

CÉSPED
RASTRILLO
PALA
MANGUERA
ESTANQUE
TERRAZA
TRAMPOLÍN
MALEZAS
PORCHE
VALLA

33 - Antarktis

```
I  T  E  M  C  N  V  K  B  T  P  W  L  Q  P  P
N  E  X  I  A  I  C  Z  F  P  D  K  C  G  E  Á
V  M  P  N  M  N  E  O  Y  Y  G  D  D  I  N  J
E  P  E  E  V  K  S  N  N  D  Y  E  Í  Z  Í  A
S  E  D  R  H  H  E  N  T  T  C  B  R  L  N  R
T  R  I  A  C  X  G  I  S  Í  I  F  Q  O  S  O
I  A  C  L  L  A  Y  T  Í  B  F  N  S  R  U  S
G  T  I  E  I  U  Í  A  H  R  S  I  E  K  L  P
A  U  Ó  S  M  G  U  F  D  Í  H  K  C  N  A  B
D  R  N  Y  A  A  Í  H  A  B  J  V  Y  O  T  H
O  A  V  I  E  N  T  O  S  R  H  I  E  L  O  E
R  T  C  S  G  X  W  G  E  O  G  R  A  F  Í  A
X  L  G  L  A  C  I  A  R  E  S  O  P  K  Q  M
C  O  N  S  E  R  V  A  C  I  Ó  N  P  L  I  H
L  R  O  C  O  S  O  I  S  L  A  S  F  O  H  A
K  R  S  D  P  M  I  G  R  A  C  I  Ó  N  T  F
```

BAHÍA	CONTINENTE
HIELO	MIGRACIÓN
CONSERVACIÓN	MINERALES
EXPEDICIÓN	TEMPERATURA
ROCOSO	TOPOGRAFÍA
INVESTIGADOR	PÁJAROS
GEOGRAFÍA	AGUA
GLACIARES	CLIMA
PENÍNSULA	VIENTOS
ISLAS	CIENTÍFICO

34 - Fahren

```
V H S I R I L E N Ú T M A D B A
U E W L H N Ó I M A C O E U X T
W T L W F A F R C T B T P Y S R
M N L O T J Y U Z E Q O P B L A
T E F G C M A P A L N R W A Í N
V D O R G I L E P C O C Y E C S
U I U L W F D N P I F S I J O P
Í C C O C H E A N C R E T A M O
Q C B Í I H J Í D O E G R R B R
G A S H M D M C G T N U Á A U T
E A U N R Í C I I O O R F G S E
A F S N M L W L V M S I I Z T A
A U T O B Ú S O S Y G D C E I O
M Í A D R H Y P Í O T A O R B F
P R E C A U C I Ó N N D G A L K
H A O S Í D N F L I O V T U E P
```

COCHE	CAMIÓN
FRENOS	MOTOR
COMBUSTIBLE	MOTOCICLETA
AUTOBÚS	POLICÍA
GARAJE	SEGURIDAD
GAS	TRANSPORTE
PELIGRO	TÚNEL
VELOCIDAD	ACCIDENTE
MAPA	TRÁFICO
LICENCIA	PRECAUCIÓN

35 - Physik

```
R W L Q E T Í Y Q E R O P H F L
A C E L E R A C I Ó N T A Í T A
V I D Q Y K L Q H D R N R X A S
M A G N E T I S M O Í E T G I R
W X B H S Z Q O U B C M Í T C E
X L M T O M O T Á B P I C N N V
N M O L É C U L A G S R U B E I
M D H B Y F I B P R A E L C U N
A E O W Z W L M Q J Y P A A C U
S N N Z P J J X Í U J X X A E L
A S U X U E S A Í U T E S F R M
G I E L E C T R Ó N Q O D D F M
A D A D I V I T A L E R O T O M
S A I M T O C A O S G Z L B R G
H D A D I C O L E V Y Í F S G M
M E C Á N I C A L U M R Ó F F Q
```

ÁTOMO
ACELERACIÓN
CAOS
QUÍMICO
DENSIDAD
ELECTRÓN
EXPERIMENTO
FÓRMULA
FRECUENCIA
GAS

VELOCIDAD
MAGNETISMO
MASA
MECÁNICA
MOLÉCULA
MOTOR
NUCLEAR
PARTÍCULA
RELATIVIDAD
UNIVERSAL

36 - Bücher

```
N U C H C H D X M A P H G D N M
I Q O I D O A M E O P O C X U D
F F N S G E D H W G N V E A I D
Í J T T O C I R Ó T S I H S W N
P X E O M I L O Q M R T Z T Í Y
D O X R C X A T B V U N S R M A
P C T I J R U U Í A B E E Á A Y
X Á O A Y J D A Z S W V R G F E
E Z G I M B Í Z T Q I N I I D P
S H O I R A R E T I L I E C J O
C M F V N R C T J C M W Y O Í P
R X T M F A L E V O N H Z C P E
I Y A V E N T U R A K S A A A R
T N A R R A D O R O T C E L V O
O C O L E C C I Ó N M M X Z N V
T F Z H U M O R Í S T I C O L U
```

AVENTURA
AUTOR
DUALIDAD
EPOPEYA
INVENTIVO
NARRADOR
POEMA
HISTORIA
ESCRITO
HISTÓRICO

HUMORÍSTICO
COLECCIÓN
CONTEXTO
LECTOR
LITERARIO
POESÍA
NOVELA
PÁGINA
SERIE
TRÁGICO

37 - Menschlicher Körper

```
Í  L  A  C  K  E  Y  P  R  P  H  O  M  B  R  O
K  Q  K  G  V  S  A  D  I  E  I  E  V  F  W  D
M  A  N  D  Í  B  U  L  A  E  F  E  Z  W  E  P
W  J  D  E  D  O  G  J  T  B  L  W  R  Y  B  B
Í  E  Y  D  W  M  N  S  A  N  G  R  E  N  G  W
A  R  A  C  A  B  E  Z  A  H  X  F  Y  O  A  E
U  O  Q  L  C  P  L  I  F  G  F  K  P  A  L  B
T  O  B  I  L  L  O  R  B  M  R  S  Q  V  L  Q
E  N  U  D  F  M  R  A  O  L  I  W  Q  T  I  R
C  E  R  E  B  R  O  N  C  M  A  N  O  E  D  K
X  N  Q  K  K  P  L  D  A  I  J  X  F  N  O  J
Q  W  X  Í  E  Í  L  Y  O  H  F  X  K  E  R  K
O  B  G  U  Y  Í  E  M  W  C  C  W  Í  P  H  Z
S  Z  V  O  Y  L  U  B  A  R  B  I  L  L  A  Q
S  L  V  S  F  U  C  B  B  I  W  X  V  W  Q  S
C  O  R  A  Z  Ó  N  Í  E  G  E  W  D  G  A  V
```

PIERNA	MANDÍBULA
SANGRE	BARBILLA
CODO	RODILLA
DEDO	TOBILLO
CEREBRO	CABEZA
CARA	BOCA
CUELLO	NARIZ
MANO	OREJA
PIEL	HOMBRO
CORAZÓN	LENGUA

38 - Agronomie

```
I  N  V  E  S  T  I  G  A  C  I  Ó  N  M  P  A
B  N  Ó  I  S  O  R  E  B  H  C  U  O  R  N  G
E  O  T  N  E  I  M  I  C  E  R  C  H  T  Y  R
T  V  O  Z  D  P  R  O  D  U  C  C  I  Ó  N  I
N  Ó  I  C  A  N  I  M  A  T  N  O  C  R  I  C
A  E  Í  A  D  J  F  Í  Í  Í  S  I  D  B  R  U
Z  G  N  Y  E  R  C  J  G  T  J  D  D  E  Y  L
I  O  U  E  M  V  J  M  O  B  S  U  E  L  O  T
L  R  C  A  R  Y  I  S  L  S  A  T  V  L  G  U
I  G  I  I  E  G  K  T  O  I  T  S  M  B  Í  R
T  Á  E  Y  F  S  Í  Í  C  S  N  E  Z  P  H  A
R  N  N  I  N  E  X  A  E  T  A  R  I  A  B  T
E  I  C  W  E  T  R  E  Y  E  L  L  U  U  C  H
F  C  I  F  P  N  Y  K  R  M  P  W  O  R  D  D
R  O  A  Y  N  S  K  C  M  A  H  N  N  Í  A  Í
V  E  R  D  U  R  A  S  B  S  O  P  L  T  R  L
```

SUELO
FERTILIZANTE
ENERGÍA
EROSIÓN
INVESTIGACIÓN
VERDURAS
ENFERMEDADES
AGRICULTURA
RURAL
ORGÁNICO

ECOLOGÍA
PLANTAS
PRODUCCIÓN
ESTUDIO
SISTEMAS
CONTAMINACIÓN
CRECIMIENTO
AGUA
CIENCIA

39 - Landschaften

```
R K D H X M E A X L G Y I D J L
J M V L T W B E X E K Q C E S J
Y O Í R Q N Q V B G Í D E S R R
U G S F U N R A M V P M B I P I
C A S C A D A N D H Q V E E V O
J L V E X U I I M Y Í O R R X A
R Í W E V B C L M O Q Y G T V S
Í C F L U D A O A F N P M O X I
E S X L L C L C L L Á T L Q N S
T K J A A W G U U O C G A A P I
E B M V M H D Y S G L É R Ñ Y M
A S W P A N T A N O O I D F A A
T H B G L E R B Í U V S N M T X
S S R Q S V N F N B H E U T F F
G Q T Q I Q G D E S O R T N E R
M V E W Y N Y Q P Q Í O O V Z B
```

MONTAÑA	MAR
ICEBERG	OASIS
RÍO	LAGO
GÉISER	PLAYA
GLACIAR	PANTANO
GOLFO	VALLE
PENÍNSULA	TUNDRA
CUEVA	VOLCÁN
COLINA	CASCADA
ISLA	DESIERTO

40 - Abenteuer

```
S  I  I  E  F  V  Z  K  C  V  I  Y  M  U  G  P
D  E  E  D  A  D  I  N  U  T  R  O  P  O  E  E
E  J  G  Q  Y  K  Z  A  Z  E  L  L  E  B  A  L
S  F  I  U  N  I  D  F  J  L  Q  J  W  W  L  I
T  W  K  G  R  J  C  O  L  E  U  Y  V  P  E  G
I  G  T  T  X  I  Q  E  V  R  S  Y  C  E  G  R
N  J  E  T  N  E  D  N  E  R  P  R  O  S  R  O
O  Z  W  A  Z  E  L  A  R  U  T  A  N  Q  Í  S
Z  R  R  J  M  B  C  Y  D  M  J  A  M  Z  A  O
X  M  L  A  R  I  E  N  T  U  S  I  A  S  M  O
I  N  U  S  U  A  L  Í  A  Í  T  N  E  L  A  V
I  T  I  N  E  R  A  R  I  O  O  K  U  B  Y  S
E  P  R  V  A  C  T  I  V  I  D  A  D  E  K  L
Í  J  M  T  E  X  C  U  R  S  I  Ó  N  T  V  X
A  M  I  G  O  S  S  S  L  T  L  Z  Z  Q  J  O
K  D  P  Y  D  I  F  I  C  U  L  T  A  D  A  G
```

ACTIVIDAD	VIAJES
EXCURSIÓN	ITINERARIO
ENTUSIASMO	BELLEZA
OPORTUNIDAD	DIFICULTAD
ALEGRÍA	SEGURIDAD
AMIGOS	VALENTÍA
PELIGROSO	INUSUAL
NATURALEZA	SORPRENDENTE
NUEVO	DESTINO

41 - Flugzeuge

```
T U R B U L E N C I A P N A E H
G U Q Y F R L Ó P E R A A L F O
N L J R B N B I C V U S V T Z Z
Ó Q O F H R I C Z N T A E U I X
I R Ñ B G B T C J E N J G R L K
C W E G O S S U E Y E E A A Í H
A N S X N P U R V O V R R I E C
L I I R N B B T H Y A O I B Q I
U F D M Í C M S A W H R E A T E
P O B Z K F O N K B K S M Í S L
I I D R C A C O S N E C S E D O
R S L R I S E C I L É H Y X E Q
T V U O A T M Ó S F E R A J I M
H M U T T C L I M A X X W E I T
M O T O R O N E G Ó R D I H L X
H I S T O R I A A K U V R M Q J
```

AVENTURA
DESCENSO
ATMÓSFERA
GLOBO
COMBUSTIBLE
TRIPULACIÓN
DISEÑO
HISTORIA
CIELO
ALTURA

CONSTRUCCIÓN
AIRE
MOTOR
NAVEGAR
PASAJERO
PILOTO
HÉLICES
TURBULENCIA
HIDRÓGENO
CLIMA

42 - Haartypen

```
L  R  S  E  K  N  R  W  I  X  J  J  Q  M  X  S
M  A  T  A  L  P  W  I  K  H  W  O  M  H  M  N
Y  W  R  Q  R  U  U  A  Z  T  R  E  N  Z  A  S
Q  E  P  G  L  B  O  Y  J  O  V  L  A  C  I  T
T  P  C  D  O  R  U  B  I  O  S  K  M  Í  E  C
R  D  N  X  C  S  I  A  Y  R  I  H  Í  O  A  M
E  E  I  R  N  Y  A  J  A  G  L  K  K  D  C  H
N  L  A  T  A  Ó  V  H  Y  E  D  E  V  A  U  S
Z  G  Q  M  L  P  R  T  V  N  Z  I  O  E  F  U
A  A  A  U  B  B  T  R  M  Y  I  W  G  R  I  S
D  D  B  J  I  E  O  D  A  L  U  D  N  O  R  K
O  A  S  E  C  O  E  F  R  M  A  G  M  L  I  A
G  R  U  E  S  O  M  B  A  G  R  C  P  O  Z  O
S  A  L  U  D  A  B  L  E  X  C  F  H  C  A  Y
M  L  N  C  O  R  T  O  Q  K  M  O  E  Q  D  Í
T  M  V  X  X  U  D  Z  D  F  Í  B  Z  G  O  J
```

RUBIO	LARGO
MARRÓN	RIZOS
GRUESO	RIZADO
DELGADA	NEGRO
COLOREADO	PLATA
TRENZADO	SECO
SALUDABLE	SUAVE
GRIS	BLANCO
CALVO	ONDULADO
CORTO	TRENZAS

43 - Essen #1

```
X Q M Y N V K Í U L Q P M R N A
A R E P N G A N P A S A E C Q F
A L L O B E C T E Í B P K Y D X
É A B A J O I I L X C M U P X U
F S A A Í O Í L B G S G M P M H
A B K C H B C N P Í J U G O D W
C T P I A A V A G B L R Í Y T U
V G Ú U I N C D S O P A D Q A J
Í G D N R I E A N X O C E S A N
C Z Y F O M H L Y Z P Ú R Q K C
O B Q R H A C A A Z M Z C H V A
H T P E A N E S P I N A C A S R
O C Q S N Í L N Z O Ó A V R V N
J P H A A S T E Í X M Í Z Í R E
U A E X Z P F Q V O I J N B E G
C W A R V Z F W E L L D S P U V
```

ALBAHACA	JUGO
PERA	ENSALADA
FRESA	SAL
MANÍ	ESPINACAS
CARNE	SOPA
CAFÉ	ATÚN
ZANAHORIA	CANELA
AJO	LIMÓN
LECHE	AZÚCAR
NABO	CEBOLLA

44 - Ethik

```
P  F  I  L  O  S  O  F  Í  A  C  R  K  W  D  K
A  J  O  V  A  L  O  R  E  S  H  U  D  F  R  G
C  E  R  C  H  L  P  Q  F  Z  Í  R  A  S  E  O
I  D  A  D  I  N  G  I  D  V  O  A  D  B  S  P
E  Q  Í  S  C  T  N  Í  X  Z  Í  C  I  R  P  T
N  G  N  D  S  S  Á  J  Y  B  K  I  R  A  E  I
C  N  Ó  I  S  A  P  M  O  C  P  O  G  X  T  M
I  F  S  E  T  N  E  L  O  V  E  N  E  B  U  I
A  S  P  K  J  E  W  M  P  L  K  A  T  R  O  S
H  O  N  E  S  T  I  D  A  D  P  L  N  E  S  M
H  U  M  A  N  I  D  A  D  Q  I  I  I  A  O  O
W  T  O  L  E  R  A  N  C  I  A  D  D  L  J  L
S  A  B  I  D  U  R  Í  A  P  H  A  C  I  I  N
R  A  Z  O  N  A  B  L  E  A  L  D  W  S  H  P
N  I  V  B  A  L  T  R  U  I  S  M  O  M  Q  O
B  O  N  D  A  D  D  L  W  W  Y  H  F  O  Z  Q
```

ALTRUISMO	RACIONALIDAD
DIPLOMÁTICO	REALISMO
HONESTIDAD	RESPETUOSO
BONDAD	TOLERANCIA
PACIENCIA	RAZONABLE
INTEGRIDAD	SABIDURÍA
HUMANIDAD	VALORES
COMPASIÓN	BENEVOLENTE
OPTIMISMO	DIGNIDAD
FILOSOFÍA	

45 - Gebäude

```
S  G  P  Í  R  R  V  C  E  U  G  R  E  B  L  A
J  U  Z  A  H  H  Q  C  F  E  R  R  O  T  M  M
P  S  P  L  K  S  K  D  Q  M  A  J  N  A  R  G
U  G  S  E  F  M  M  A  A  B  N  C  C  L  L  Q
P  B  T  U  R  S  W  D  N  A  E  J  A  R  A  G
E  D  W  C  S  M  V  I  I  J  R  Í  C  Q  T  O
M  B  F  S  E  X  E  S  B  A  O  G  I  T  I  I
P  U  Q  E  S  A  G  R  A  D  V  Y  R  O  P  R
V  L  S  S  Z  N  U  E  C  A  P  R  B  T  S  O
R  M  O  E  M  M  Í  V  K  A  A  B  Á  R  O  T
Q  N  U  D  O  W  H  I  K  F  D  U  F  P  H  A
C  A  R  P  A  C  I  N  E  L  X  O  D  G  M  R
T  E  A  T  R  O  H  U  T  E  S  T  A  D  I  O
T  Í  O  B  S  E  R  V  A  T  O  R  I  O  X  B
L  R  T  E  M  W  E  M  H  O  E  R  L  A  L  A
D  O  F  B  Í  L  K  X  H  H  K  J  Z  X  H  L
```

GRANJA	MUSEO
EMBAJADA	OBSERVATORIO
FÁBRICA	GRANERO
GARAJE	ESCUELA
ALBERGUE	ESTADIO
HOTEL	SUPERMERCADO
CABINA	TEATRO
CINE	TORRE
HOSPITAL	UNIVERSIDAD
LABORATORIO	CARPA

46 - Mode

```
E  V  V  O  D  Q  O  L  S  M  O  D  E  R  N  O
W  S  I  W  E  T  N  A  G  E  L  E  L  U  F  H
T  E  N  D  E  N  C  I  A  G  N  Ó  R  T  A  P
E  N  C  A  J  E  Í  I  J  R  C  C  R  C  T  A
M  I  N  I  M  A  L  I  S  T  A  B  I  E  I  W
F  N  U  T  S  U  M  O  D  E  S  T  O  L  P  K
N  A  W  T  X  I  U  L  L  O  L  B  R  B  L  O
B  P  M  C  E  P  G  I  P  R  T  O  A  I  R  O
P  O  Q  Z  Í  G  Z  T  J  I  J  U  C  U  K  D
N  R  R  C  K  D  F  S  T  G  A  T  W  Q  C  I
Y  B  Á  D  F  Y  B  E  E  I  H  I  D  E  V  J
H  B  U  C  A  Y  O  X  X  N  I  Q  H  S  T  E
B  G  F  Q  T  D  M  G  T  A  L  U  D  A  P  T
Z  L  N  F  M  I  O  N  U  L  T  E  Z  J  N  Q
L  K  Y  I  K  Í  C  D  R  B  O  T  O  N  E  S
E  F  Z  Y  A  E  L  O  A  G  P  C  M  X  J  L
```

MODESTO	PRÁCTICO
BOUTIQUE	ENCAJE
SENCILLO	BORDADO
ELEGANTE	ESTILO
ASEQUIBLE	TEJIDO
ROPA	BOTONES
MINIMALISTA	CARO
MODERNO	TEXTURA
PATRÓN	TENDENCIA
ORIGINAL	

47 - Essen #2

```
C U A F M D J Í L T S S Z E A Í
E H F L H Z E Q Í R G I P E J W
S A O D A C S E P I Q Q Y S R U
P T H C T N R A H G U Q R M O M
Á A C B O V E U H O Í E U X S S
R V A E I L O C Ó R B E G E I Í
R L C R J L A Z E R E C O T S Y
A R L E A D N T Z Í U H Y A G O
G A A N M M A P E W V P F M N W
O R Q J Ó Q Z L I I T N V O P A
N R G E N P N Á Í X E H R T N P
I O Y N N S A T M I I A G U A I
A Z K A U V M A R D N E M L A O
Y L W C W X R N S E T A K O U T
T B H N P G H O L T Z A P Í L J
A I F Z F P X W V V O R J O Y O
```

MANZANA
ALCACHOFA
BERENJENA
PLÁTANO
BRÓCOLI
PAN
HUEVO
PESCADO
YOGUR
QUESO

CEREZA
ALMENDRA
SETA
ARROZ
JAMÓN
CHOCOLATE
APIO
ESPÁRRAGO
TOMATE
TRIGO

48 - Energie

```
H I D R Ó G E N O Y K N U E N V
V M Z X U T R E N O V A B L E I
T C Q M S I C X U Í D Í S B Í E
U R O N O B R A C E G P X I F N
K H C N B X P Í H F N O P T X T
R I I A T A Z X L O B R E S L O
H N R B P A T R F E N T J U C E
G D T Z X L M E C K R N R B P L
A U C F Q V R I R U O E J M Z E
S S É V N W X D N Í L O S O Q C
O T L Z U S X Y A A A B J C M T
L R E U C X V V M S C T X U O R
I I A O L D I E S E L I H R T Ó
N A V K E F O T Ó N D L Ó M O N
A W Q T A N I B R U T L V N R O
C M J V R O P A V K L G L R L G
```

BATERÍA

GASOLINA

COMBUSTIBLE

VAPOR

DIESEL

ELÉCTRICO

ELECTRÓN

ENTROPÍA

RENOVABLE

CALOR

INDUSTRIA

CARBONO

MOTOR

NUCLEAR

FOTÓN

SOL

TURBINA

CONTAMINACIÓN

HIDRÓGENO

VIENTO

49 - Familie

```
A  J  I  H  I  Í  D  O  A  W  M  S  L  V  K  I
N  B  M  A  R  I  D  O  Ñ  I  N  O  T  E  I  N
A  V  U  H  R  A  K  L  H  A  R  B  Y  I  J  F
M  Z  E  E  E  L  X  E  W  Í  N  R  Q  H  D  A
R  K  A  V  L  R  C  U  K  T  J  I  N  S  W  N
E  M  E  R  D  A  M  B  U  Q  Y  N  R  Z  S  C
H  P  R  V  I  R  U  A  C  I  Z  O  F  B  B  I
D  P  D  X  Z  C  D  S  N  B  L  N  P  S  O  A
A  Í  A  E  S  P  O  S  A  O  Z  R  P  D  J  S
Y  Í  P  M  A  T  E  R  N  O  S  E  N  F  A  F
H  F  Q  F  T  N  F  I  A  R  T  T  R  Y  P  V
V  C  D  G  L  A  X  E  L  J  K  A  J  S  B  N
V  K  P  V  K  P  Z  J  H  W  V  P  R  W  J  G
N  F  O  B  Y  R  P  R  I  M  O  V  B  Í  F  M
T  Í  O  D  A  S  A  P  E  T  N  A  D  X  R  L
V  M  E  D  L  L  J  B  G  C  Y  D  V  U  U  Y
```

HERMANO	SOBRINO
ESPOSA	SOBRINA
MARIDO	TÍO
NIETO	HERMANA
ABUELA	TÍA
ABUELO	HIJA
NIÑO	PADRE
INFANCIA	PATERNO
MADRE	PRIMO
MATERNO	ANTEPASADO

50 - Pflanzen

```
H V A B S V H Z N U C D C V Q W
O F W C O E F I Í K C S V S P U
Í U B J L T A R E J A L L O F C
G X X Z A N Á Y I R L H G S U J
N Z M E T A V N F J B F L O R O
R K O X É Z E A I M O A H G A Í
Z B O Z P I G R B C M L O B R Á
M U S G O L E B A H A D D W C L
F L O R A I T U M I C A C T U S
G S Q D R T A S B E U Q S O B N
H O J A A R C T Ú D B J Í F N P
E P W M Í E I O R R D H Q R J Y
Z C G Í Z F Ó N B A P B W F Z I
F I Z T S V N S A Z B Z D B V D
B N L A V I O V Y D P U O Í V O
G V D D N Í D R A J Z Q V J Z S
```

BAMBÚ
ÁRBOL
BAYA
HOJA
FLOR
PÉTALO
FRIJOL
BOTÁNICA
ARBUSTO
FERTILIZANTE

HIEDRA
FLORA
JARDÍN
HIERBA
CACTUS
FOLLAJE
MUSGO
VEGETACIÓN
BOSQUE
RAÍZ

51 - Kunst

```
H T K U I K E N O Z X R L P G D
P A U X A M V Ó R Q J A A O S B
Z F L U R N L I I O P T N E U B
P I N T U R A S G D W A O S R Q
H O E G C O D E I A A R S Í R C
S U L O X M C R N R H T R A E X
X Í S P I U V P A I O E E R A Z
D Q M A U H J X L P W R P U L H
R U F B L T U E H S D H G T I O
Y Q V F O L L I C N E S I L S N
C E N P X L A U S I V R D U M E
T E M A E Z O J E L P M O C O S
C E R Á M I C A S M Z W C S L T
C O M P O S I C I Ó N E W E D O
D Y A D Q I D W Z U V U M A N J
M F J R O Y X G H A H F Y N G P
```

EXPRESIÓN
HONESTO
SENCILLO
TEMA
PINTURAS
INSPIRADO
CERÁMICA
COMPLEJO
ORIGINAL
PERSONAL

POESÍA
RETRATAR
CREAR
ESCULTURA
HUMOR
SURREALISMO
SÍMBOLO
VISUAL
COMPOSICIÓN

52 - Gewürze

```
C A T N E I M I P S R J K H D V
C G A Q O N Y S A L B R R V H A
X R B T W D U L C E X F W V P Y
I I O G R A M A L L I N I A V C
M O V H I N O J O R O K W T T T
I G A A J O D C B S A B O R Y R
B S L R E G A L I Z A Z M P B U
N P C C R E L R B C N Y O H T L
Ó Á U Z G F E T Q C Í R M C Z P
T E R B I G N E J J S Z A E K G
N A R F Z G A J Q X Í N D B A D
E Y Y H A E C H Y O E L R O S C
M T M J I Z Q N R F D Í A L W Í
I S G A C J A J O M J K C L Q Y
P N U E Z M O S C A D A Q A M F
L I F M C G Í C J C L Q N L K V
```

ANÍS
AMARGO
CURRY
HINOJO
SABOR
JENGIBRE
CARDAMOMO
AJO
REGALIZ
NUEZ MOSCADA

CLAVO
PIMENTÓN
PIMIENTA
AZAFRÁN
SAL
AGRIO
DULCE
VAINILLA
CANELA
CEBOLLA

53 - Kreativität

```
H A B I L I D A D M I G Z R Q C
I S Q D A D I C I T N E T U A U
X D T N K R T O C I T Á M A R D
L P E P D F J W K Y U L B B B I
I Y P A N Ó I C A N I G A M I M
D D N O S F Y T V A C B M W T A
A R T Í S T I C O T I L F D F G
E S P O N T Á N E O Ó G D Q H E
I N T E N S I D A D N H Í X J N
Y V D R O J E E X P R E S I Ó N
D W D F U W U N Ó I C A S N E S
X I F J G B A Í O F L U I D E Z
D A X P X D T O V I T N E V N I
C L A R I D A D Í Q S V F Í O W
I M P R E S I Ó N G R I Y A Q S
S E N T I M I E N T O S V S J J
```

EXPRESIÓN
AUTENTICIDAD
IMAGEN
DRAMÁTICO
IMPRESIÓN
INVENTIVO
HABILIDAD
FLUIDEZ
SENTIMIENTOS

IDEAS
INTENSIDAD
INTUICIÓN
CLARIDAD
ARTÍSTICO
IMAGINACIÓN
SENSACIÓN
ESPONTÁNEO
VISIONES

54 - Geschäft

```
F P V H W S O T S E U P M I E E
P A R W M B Y I L V E N T A M M
I Í G E R Z Í E S V K Ó T R P P
Q M M E S U E N Q Í I I R E L L
N O K M R U V D R U N S A R E E
A N N P E E P A M E Z R N R A A
C O S T O L N U W P Í E S A D D
I C F U L S A T E Í C V A C O O
R E I Í D L L B E S A N C K T R
B Y R Í I U G U D R T I C S N K
Á A Í C N A C R E M Q O I J E V
F C T K E M O N E D A J Ó Z U Y
Y L I S R O F I C I N A N Y C N
T B U N O I N G R E S O C A S C
L U C R O X R G W B V M K A E J
T N P N Y A K F V G C O J Í D V
```

EMPLEADOR
PRESUPUESTO
OFICINA
INGRESO
FÁBRICA
DINERO
TIENDA
LUCRO
INVERSIÓN
CARRERA

COSTO
GERENTE
EMPLEADO
DESCUENTO
IMPUESTOS
TRANSACCIÓN
VENTA
MERCANCÍA
MONEDA
ECONOMÍA

55 - Ingenieurwesen

```
E  J  E  D  W  Z  L  I  M  V  L  P  C  N  M  M
J  N  Í  R  I  Y  W  Í  O  I  Í  A  Á  I  V  D
E  Ó  G  F  G  A  D  Z  T  T  Q  L  L  B  A  A
N  I  R  R  U  D  G  J  O  K  U  A  C  Q  V  D
E  C  G  H  A  E  Y  R  R  A  I  N  U  Q  H  I
R  C  G  T  Y  N  R  N  A  V  D  C  L  T  Í  L
G  U  O  N  X  J  A  Z  X  M  O  A  O  N  B  I
Í  R  S  L  D  Z  K  J  A  G  A  S  I  Ó  Q  B
A  T  Á  N  G  U  L  O  E  M  Á  Q  U  I  N  A
Z  S  T  U  B  M  J  L  E  S  E  I  D  S  D  T
R  N  Ó  I  C  I  D  E  M  Q  I  H  I  L  Z  S
Í  O  R  T  E  M  Á  I  D  Y  H  O  Y  U  G  E
U  C  P  R  O  F  U  N  D  I  D  A  D  P  E  J
D  I  S  T  R  I  B  U  C  I  Ó  N  J  O  A  O
E  S  T  R  U  C  T  U  R  A  Q  P  M  R  H  E
W  X  J  E  Í  A  S  C  S  Í  A  A  J  P  T  V
```

EJE
PROPULSIÓN
CÁLCULO
DIAGRAMA
DIESEL
DIÁMETRO
ENERGÍA
LÍQUIDO
ENGRANAJES
PALANCAS

CONSTRUCCIÓN
MÁQUINA
MEDICIÓN
MOTOR
ESTABILIDAD
FUERZA
ESTRUCTURA
PROFUNDIDAD
DISTRIBUCIÓN
ÁNGULO

56 - Kaffee

```
Z G T E H M D Í W F G X P L Q R
Q W Z Í S I A H D E I S A E O L
I B E B I D A U G A M E R C R A
X A G L B O M N M D W Í S H I S
S Z B E P G O K Í A Z A T E G A
V Ú L S U S R N C E Ñ U M H E D
A C Q Í D A A A D R F A J S N O
V A T A O B L Í X Z S A N G L O
O R G S Í O D I C Á S N C A H A
M W K Y A R R X B S K P E S Í D
C G F V M T K D A J O R U G O K
A E F H A T L K Í V R E B L R Q
L Y D B R M O L E R L C P P T O
D H O J G N V A V D H I N S L M
A H A V O D I U Q Í L O T E I J
V A R I E D A D N W H O L N F W
```

AROMA
AMARGO
CREMA
FILTRO
LÍQUIDO
ASADO
SABOR
BEBIDA
CAFEÍNA
MOLER

LECHE
MAÑANA
PRECIO
ÁCIDO
NEGRO
TAZA
ORIGEN
VARIEDAD
AGUA
AZÚCAR

57 - Gemüse

```
W L C A F O H C A C L A O B C J
C L Z P J J X Í W G V Q L E O G
E A D I F A G I S C A X I R L E
Z V L O B D W C R N Í U V E I S
T Y B A T A M I U Q Z W A N F P
S H Q L B L Q O R I O S X J L I
B P F H K A H M E Z B I H E O N
P R N L S S Z P A T A T A N R A
E J Ó T K N P A I Y N N V A I C
R E P C W E M X R T F A J A M A
E N L Z O O H E O C E E S G E S
J G I N N L A N H S E T A I L K
I I X J I A I U A Z H A Y V U S
L B A Z P P R C N U C M T N M G
Z R E C E X T E A L L O B E C H
W E Z B P N I O Z J X T A Í F E
```

ALCACHOFA	CALABAZA
BERENJENA	OLIVA
COLIFLOR	PEREJIL
BRÓCOLI	SETA
GUISANTE	NABO
PEPINO	ENSALADA
JENGIBRE	APIO
ZANAHORIA	ESPINACAS
PATATA	TOMATE
AJO	CEBOLLA

58 - Schönheit

```
N E A S E X G T B Z B F U T R I
B S C A E S O T C U D O R P Í R
C P E R T R T Í D O V X R A M P
U E I E G G V I H E Y K L U E A
C J T J C W U I L E I P Y Z L I
A O E I C M S O C I T É M S O C
I V S T X S I M W I S J R E E N
C S W V H P J Y N W O T K F L A
N O C I N É G O T O F S A D E G
A Z L W O Q D K D S U A V E G A
G I S O I B A L A T N I P Y A R
E R H T R F V Z H L Í C J F N F
L E N C A N T O Ú P M A H C T S
E O U Y Q A Y I X R D R S J E J
K R J M J D D T Q R V G Q S I Y
A B Y S D Í Z B F B O Y X X U C
```

GRACIA
ENCANTO
SERVICIOS
FRAGANCIA
ELEGANTE
ELEGANCIA
COLOR
FOTOGÉNICO
SUAVE
PIEL

COSMÉTICOS
PINTALABIOS
RIZOS
ACEITES
PRODUCTOS
TIJERAS
CHAMPÚ
ESPEJO
ESTILISTA
RÍMEL

59 - Tanzen

```
A L Z P K S E N S A Y O Í M R C
M Q B Í B A I C A R G Q L O I O
B T P M H L P O S T U R A V T R
T C Í Y F T X I I R F G R I M E
E R G E L A S C W V A D U M O O
V W A Í N R W O Í M L G T I K G
V Z N D Ó S S T P P E L E C R
U A F A I M E D A C A Y U N Y A
G O V Q C C M N X A U O C T E F
M Q P T O C I S Á L C E Z O W Í
P Í V O M M Y O R Y V M R A Q A
Y P X J E Ú A R N Q M G Í P U R
A G S Z C S T Y P A A C C T O E
L R W Q W I X C W N L A U S I V
M U T G P C C U L T U R A Í M N
F Í Z E S A E X P R E S I V O S
```

ACADEMIA
GRACIA
EXPRESIVO
MOVIMIENTO
COREOGRAFÍA
EMOCIÓN
ALEGRE
POSTURA
CLÁSICO
CUERPO

CULTURA
CULTURAL
ARTE
MÚSICA
SOCIO
ENSAYO
RITMO
SALTAR
TRADICIONAL
VISUAL

60 - Ernährung

```
N Ó I C A T N E M R E F I D E D
L Í T M A C A L O R Í A S I Q I
V W P H Y R O U A Í P E W E U G
S A L S A O B S A B O R Z T I E
C Y S H O T J O G R A M A A L S
V I T A M I N A H K X D Í K I T
N U T R I E N T E I Í Q W E B I
V O T I T E P A L Í D F C L R Ó
C E R E A L E S K I A R T B A N
T M K B Y B X G J A D R A I D Q
C Í Y X U A A Z A N I X O T O Z
P H I W X D U L A S L V E S O Y
B N C Y Y U A J A X A I R E S S
F X K E D L H H G T C H H M E R
F M O F S A N Í E T O R P O P M
R X P N Z S U L C V B Y C C E H
```

APETITO
EQUILIBRADO
AMARGO
DIETA
COMESTIBLE
FERMENTACIÓN
SABOR
SALUDABLE
SALUD
CEREALES

PESO
CALORÍAS
CARBOHIDRATOS
NUTRIENTE
PROTEÍNAS
CALIDAD
SALSA
TOXINA
DIGESTIÓN
VITAMINA

61 - Länder #1

```
S  B  C  R  N  V  M  E  F  N  I  R  U  U  R  O
E  B  A  X  X  E  A  X  M  I  K  R  U  A  M  E
N  B  N  C  Y  N  L  I  N  C  U  V  A  V  Z  C
E  T  A  H  Í  E  Í  W  U  A  G  R  G  K  D  B
G  O  D  X  J  Z  Y  I  D  R  G  J  E  D  J  A
A  N  Á  R  M  U  Z  V  K  A  B  B  U  Í  B  L
L  Q  V  Z  H  E  P  T  V  G  P  H  R  Y  H  K
Z  T  J  U  S  L  A  O  Í  U  U  Z  O  K  R  O
Z  H  I  M  H  A  I  L  L  A  I  D  N  I  D  M
R  U  M  A  N  I  A  L  E  O  E  S  P  A  Ñ  A
L  E  T  O  N  I  A  Y  K  M  N  W  Q  D  I  N
C  A  M  B  O  Y  A  H  E  L  A  I  L  V  S  T
O  V  F  O  E  G  I  P  T  O  X  N  A  T  R  E
F  I  N  L  A  N  D  I  A  B  I  I  I  J  A  I
P  J  Z  I  C  Í  I  T  A  L  I  A  Y  A  E  V
W  D  H  Y  T  C  B  R  A  S  I  L  G  W  L  W
```

EGIPTO
BRASIL
ALEMANIA
FINLANDIA
INDIA
IRAK
ISRAEL
ITALIA
CAMBOYA
CANADÁ

LETONIA
MALÍ
NICARAGUA
NORUEGA
POLONIA
RUMANIA
SENEGAL
ESPAÑA
VENEZUELA
VIETNAM

62 - Wasser

```
V S P P C O P B V N Á C A R U H
N A H C U D F X F Ó A A D R I E
N L P R I E G O K Z C Í A E P V
Ó O J O Í R J H Q N M N L S A A
I G L I R T K R U O Q C E A M P
C A N A L C Y K H M B T H X F O
A L H D G É I S E R E Q L M P R
D I L Ú H M O D V Y Í D H Í O A
N Q L V M B B M E B X P A J T C
U C U V E E V F I L V I S D A I
N S V B R V D U N K U B L H B Ó
I Q I M H U B O N A É C O F L N
M B A V F V O L W C A U J N E M
O R N X J N F E J E B I U T Q J
Í I L I Y E T I B W P G I B H V
A L I F I V M H W T I X O N W G
```

RIEGO
VAPOR
DUCHA
HIELO
HÚMEDO
HUMEDAD
RÍO
INUNDACIÓN
HELADA
GÉISER

HURACÁN
CANAL
MONZÓN
OCÉANO
LLUVIA
NIEVE
LAGO
POTABLE
EVAPORACIÓN
OLAS

63 - Science Fiction

```
I  C  G  Í  K  A  Í  P  O  T  U  S  E  Í  F  B
L  T  I  I  V  I  R  P  L  L  I  B  R  O  S  F
U  E  V  N  I  M  V  E  M  A  I  X  A  L  A  G
S  C  G  Ó  E  A  L  D  Z  J  N  N  A  F  E  Y
I  N  F  I  P  G  O  S  O  I  R  E  T  S  I  M
Ó  O  U  S  D  I  M  R  L  N  M  S  T  Q  T  F
N  L  E  O  M  N  E  G  O  V  A  W  O  A  Í  Z
U  O  G  L  U  A  R  Y  I  B  J  P  V  T  K  D
N  G  O  P  N  R  T  Q  R  M  O  A  E  S  R  I
F  Í  L  X  D  I  X  R  A  G  T  T  L  I  J  S
Q  A  U  E  O  O  E  Í  N  U  N  S  S  R  Í  T
E  M  C  W  K  A  P  Í  E  G  L  I  P  U  O  O
V  Q  Á  R  O  U  B  U  C  C  U  L  K  T  L  P
I  E  R  B  B  T  N  M  S  I  X  A  O  U  M  Í
H  H  O  B  G  Z  Y  Y  E  O  Y  E  Í  F  J  A
F  A  N  T  Á  S  T  I  C  O  U  R  L  V  B  I
```

LIBROS
DISTOPÍA
EXPLOSIÓN
EXTREMO
FANTÁSTICO
FUEGO
FUTURISTA
GALAXIA
MISTERIOSO
ILUSIÓN

IMAGINARIO
CINE
ORÁCULO
PLANETA
REALISTA
ROBOTS
ESCENARIO
TECNOLOGÍA
UTOPÍA
MUNDO

64 - Literatur

```
P S L D A R O F Á T E M G P B N
Q A M E T U S N C Q E Q B O I A
U I D S L H T A Í Z V U S E O R
Í D I C C A C O M T I R H M G R
A E Á R G K Y U R V U R H A R A
N G L I C O N C L U S I Ó N A D
É A O P Í A I Z D A I R P A F O
C R G C A H P O B N S M H U Í R
D T O I I G T K L A I Z R L A T
O N K Ó V M L C S L L I R F D Z
T L O N Z R I M A O Á Z I Í R T
A D I V L P O Í O G N R S L C T
B P H T E Y H G F Í A S E Í Q U
S A X V S L A V L A S J Z E B V
Z O C D L E A A H P O É T I C O
R K K I V Y W S F I C C I Ó N P
```

ANALOGÍA

ANÁLISIS

ANÉCDOTA

AUTOR

DESCRIPCIÓN

BIOGRAFÍA

DIÁLOGO

NARRADOR

FICCIÓN

POEMA

METÁFORA

POÉTICO

RIMA

RITMO

NOVELA

CONCLUSIÓN

ESTILO

TEMA

TRAGEDIA

65 - Globale Erwärmung

```
T M P K T W L R N E M W U K E S
B M O N R E I B O G N R H R X E
X B B C Á A P U G Y W E I W P N
R I L Z R M S U O C B N R V U O
A V A R T B J E O D O Ó V G Í I
I M C R I I A T E N C I Ó N Í C
R N I O C E F F U E I C G A S A
T N O L O N U S A Y F A N V T R
S R N L C T T N H N Í L Y Y A E
U N E O O A U V U T T S H F T N
D S S R H L R Í R J N I X M I E
N H O R S R O U V P E G O A B G
I X W A U C H M Í I I E Y H Á Í
C R I S I S O T A D C L F O H O
I N T E R N A C I O N A L R V G
A R Z D P A T B F C N M K A H W
```

ÁRTICO
ATENCIÓN
POBLACIONES
DATOS
ENERGÍA
DESARROLLO
GAS
GENERACIONES
LEGISLACIÓN
INDUSTRIA

INTERNACIONAL
AHORA
CLIMA
CRISIS
HÁBITATS
GOBIERNO
AMBIENTAL
CIENTÍFICO
FUTURO

66 - Länder #2

```
H  T  I  D  Q  Q  R  W  N  I  G  E  R  I  A  A
D  A  I  N  A  B  L  A  I  C  E  R  G  S  Í  U
J  I  I  C  N  H  A  D  M  J  K  Z  V  I  P  G
S  S  W  T  J  Z  P  N  S  O  A  L  F  R  O  A
I  U  G  M  Í  E  E  A  W  A  Y  P  B  I  I  N
W  R  S  U  D  Á  N  L  K  Q  P  L  Ó  A  T  D
X  J  N  B  P  O  B  R  O  F  H  I  D  N  E  A
Q  N  V  D  Q  C  H  I  X  V  Y  B  Q  V  U  I
F  R  A  N  C  I  A  A  O  L  V  E  O  K  O  N
X  J  S  J  J  X  K  E  N  I  A  R  L  K  L  A
M  J  Z  Z  A  É  P  R  Z  G  F  I  A  S  S  R
I  A  Í  I  A  M  W  V  Y  U  T  A  Q  V  E  C
B  J  M  A  X  Q  A  P  A  K  I  S  T  Á  N  U
N  F  X  M  H  K  R  I  S  D  F  X  N  S  M  Q
V  R  V  N  T  J  J  A  C  V  B  Z  R  V  S  X
N  P  T  C  Y  U  V  J  Z  A  T  K  D  R  B  R
```

ALBANIA
ETIOPÍA
FRANCIA
GRECIA
HAITÍ
IRLANDA
JAMAICA
JAPÓN
KENIA
LAOS

LIBERIA
MÉXICO
NEPAL
NIGERIA
PAKISTÁN
RUSIA
SUDÁN
SIRIA
UGANDA
UCRANIA

67 - Fahrzeuge

```
F  S  H  N  S  G  N  H  K  I  U  L  F  A  C  J
E  K  E  Q  Ú  W  E  B  H  Q  O  Í  V  L  R  E
G  F  L  Q  B  A  R  C  O  R  T  E  M  U  F  Í
V  H  I  L  O  S  T  U  H  T  G  O  D  B  J  C
P  U  C  C  T  L  Z  E  K  S  R  Z  M  A  G  Y
Z  C  Ó  A  U  A  A  H  L  O  O  A  P  A  U  A
X  Z  P  R  A  B  M  C  M  C  N  X  C  V  Q  W
L  P  T  A  V  Í  B  O  L  I  I  Y  N  T  M  A
I  J  E  V  G  X  U  C  T  T  R  C  Ó  V  O  Y
S  C  R  A  R  Í  L  S  V  Á  A  M  I  A  Q  R
Z  C  O  N  G  L  A  S  A  M  M  O  V  B  H  R
E  S  O  A  C  F  N  Z  X  U  B  T  A  P  C  E
L  I  B  O  E  O  C  T  R  E  U  O  Y  J  D  F
W  U  T  T  T  C  I  A  F  N  S  R  F  B  W  V
I  P  W  N  L  E  A  X  C  O  H  E  T  E  L  E
C  A  M  I  Ó  N  R  I  L  F  W  H  F  A  Q  G
```

COCHE
BARCO
AUTOBÚS
BICICLETA
FERRY
BALSA
AVIÓN
HELICÓPTERO
AMBULANCIA
CAMIÓN

MOTOR
COHETE
NEUMÁTICOS
SCOOTER
TAXI
TRACTOR
METRO
SUBMARINO
CARAVANA
TREN

68 - Musikinstrumente

```
O H T H H H S X I D Í W V Q Q K
W U R A U Í D Z E A B M I R A M
F I O X N O P U R T Í N O O R V
Q X M Q Ó X I E V U O B L B R Z
Z T B C F L U K B A O M O M A C
P S Ó J O A E X B L B P N A T R
B E N Í X M G T V F O A C T I Q
A P R A A H N O E G E N H P U M
T O W C S S Í J T N I D E I G A
R W L I U O L N P O I E L A N N
O W Z N U S O A X G A R O N C D
M M W Ó O G I B U M D E A O M O
P R O M S T V Ó F S P T J L A L
E S S R F Z W A N L C A Z D C I
T A C A P E A B Z V F S C C X N
A X G C R D E N I H L Q C B S A
```

BANJO
VIOLONCHELO
FAGOT
FLAUTA
VIOLÍN
GUITARRA
GONG
ARPA
CLARINETE
PIANO

MANDOLINA
MARIMBA
ARMÓNICA
OBOE
TROMBÓN
SAXOFÓN
PERCUSIÓN
PANDERETA
TAMBOR
TROMPETA

69 - Natur

```
R E J A V L A S W N J R A I E S
E S R Y N M P J E I V Q B M O P
Z L A A P I P Z M E F Í E T I A
M P A N E S M R Í B X H J P U C
O B Í X T E J A L L O F A H A Í
O F K B Q U O Q L A H L S U X F
V D X N E Z A D A E U Q S O B I
B E L L E Z A R T M S N M Í T C
R E F U G I O A I W R L G R J O
T C H Z E K N I V O C I T R Á J
K L A S D N C C M O N T A Ñ A S
I W P I E Í I A D I N Á M I C O
E B R S E R A L A C I P O R T P
J Z V Z Q T E G D E S I E R T O
E R O S I Ó N N P G J P V N Z T
H X Í Q A E B I O S X H Í S U R
```

ÁRTICO
MONTAÑAS
ABEJAS
DINÁMICO
EROSIÓN
RÍO
PACÍFICO
GLACIAR
SANTUARIO
SERENO

FOLLAJE
VITAL
NIEBLA
BELLEZA
REFUGIO
ANIMALES
TROPICAL
BOSQUE
SALVAJE
DESIERTO

70 - Urlaub #2

```
U  T  P  N  A  E  Z  M  S  E  D  J  Z  D  A  B
Y  D  G  P  A  S  A  P  O  R  T  E  W  J  Í  I
N  K  N  O  P  X  Z  L  F  O  Q  T  L  M  U  N
K  P  I  E  R  Q  E  W  S  N  E  R  T  M  Q  K
D  Í  P  T  A  S  E  N  O  I  C  A  C  A  V  M
X  X  M  L  C  C  H  N  C  T  V  N  Z  S  N  N
P  L  A  Y  A  A  Y  G  T  S  I  S  G  I  I  O
J  K  C  D  E  I  E  H  B  E  A  P  K  V  N  H
Í  U  Z  F  G  Í  Í  R  Í  D  J  O  A  L  L  U
M  X  A  O  C  I  O  T  O  L  E  R  U  U  R  B
T  A  Q  M  I  Í  S  A  F  P  E  T  I  C  U  H
S  M  P  M  A  R  H  X  A  F  U  E  Í  A  D  O
Z  C  Z  A  U  P  H  I  V  E  X  E  J  F  D  T
T  E  Q  R  E  C  O  R  E  J  N  A  R  T  X  E
N  O  R  E  S  T  A  U  R  A  N  T  E  T  M  L
M  O  N  T  A  Ñ  A  S  Z  J  P  M  M  A  O  K
```

EXTRANJERO
MONTAÑAS
CAMPING
AEROPUERTO
OCIO
HOTEL
ISLA
MAPA
MAR
PASAPORTE

VIAJE
RESTAURANTE
PLAYA
TAXI
TRANSPORTE
VACACIONES
VISA
CARPA
DESTINO
TREN

71 - Barbecues

```
V S T E N E D O R E S X M P K Y
Q F S I X G E X X F C D Ú P S C
V W O O K G F Y V Í J P S V E O
N E T N E I L A C Q L S I K G N
O Z R E U M L A T M O O C M L I
S A L D F A M I L I A L A A I Ñ
W E D D U V E R A N O L L O P O
N D R Z V R S I N N L I H P J S
S U N B H W A D I J E H A I U W
V A W L E K D S C Y F C M M E Í
A L L I R R A P O W R U B I G A
Q Z F S V Y L L C V U C R E O H
O E I H A Í A I L I T X E N S Q
G L M X P Q S N T C A D W T F F
Í Í E E K X N U D E M W Z A J N
R E V A H P E O B J J L S K N D
```

CENA	COCINA
FAMILIA	CUCHILLOS
FRUTA	ALMUERZO
TENEDORES	MÚSICA
VERDURAS	PIMIENTA
PARRILLA	ENSALADAS
CALIENTE	SAL
POLLO	VERANO
HAMBRE	SALSA
NIÑOS	JUEGOS

72 - Schach

```
C J M E X P E T N E N O P O P P
A U R N S U K R O Q N E G R O A
M G E Y A T E E E R Y Z V E S S
P A I K O M R Y E C N M J D R I
E D N R H K B A D E M E E N U V
Ó O A R L A L C T I I P O E C O
N R J F W R A P M E A M L R N W
R E G L A S N B C Q G G Z P O L
J U F H Z C C Z Z L J I O A C G
S B H F U A O Z H M I T A N E K
I N T E L I G E N T E I E K A D
S A C R I F I C I O Z E R D Y L
J U E G O D O I E M P M J B N K
D Q L N G B C G J N O P M K M B
U D Í Y I M V I X K N O R R X C
K H M Y V M P U N T O S Í U P V
```

CAMPEÓN
DIAGONAL
OPONENTE
INTELIGENTE
REY
REINA
APRENDER
SACRIFICIO
PASIVO
PUNTOS

REGLAS
NEGRO
JUEGO
JUGADOR
ESTRATEGIA
TORNEO
BLANCO
CONCURSO
TIEMPO

73 - Geographie

```
M O W D U Z J U R J A O E H P V
U E T S E O J K B N L C C E A H
E T R O N R G U Q N T É U M Í G
R N Ó I G E R W H B I A A I S Y
G E W E D K M R Í O T N D S S O
O N D U T I T A L G U O O F H A
H I F I X A A B G C D Q R E E A
L T R A R B P N I S L A W R W W
U N C O Y Í A F O D F E O I U Q
O O T I T Z M D G Z I Z N O M L
L C L G U I F E O Y B W W V O M
S O K W L D R B E P N H J F N R
G I N Z B Y A R M U N D O L T J
D J I L K D P D E Q H B J E A F
K F Í G X A V H A T L A S K Ñ X
V Q J G K P L Q E M M A R Z A Í
```

ATLAS
ECUADOR
MONTAÑA
LATITUD
RÍO
TERRITORIO
HEMISFERIO
ALTITUD
ISLA
MAPA

CONTINENTE
PAÍS
MAR
MERIDIANO
NORTE
OCÉANO
REGIÓN
CIUDAD
MUNDO
OESTE

74 - Zahlen

```
O H C O I C E I D Z S S Y W W D
C C E I M Q B W Q B O E I E B Í
H Z A T D B H H V I C B Z E P G
O C U T D I C E R O T S O D E C
Q H Z L O E E C O D X I W V F G
S I E T E R C C V A Q É C E W I
E H I Q T G C I I A A S I I B A
R O D C M Q A E M S U I N N V Í
T M N U U Z W K T A I C C T S L
Q N U S X S R F M C L E O E W C
U W E C I A C U O A R I T C S U
I U V M G M N K Z L X D C E E A
N O E V E U N I C E I D I R I T
C Y G W B J Í F F E P A U T S R
E A U P X M S A F W Z Í H Q W O
Y P P V T I R Q R F C Z J H M S
```

OCHO	SEIS
DIECIOCHO	DIECISÉIS
DECIMAL	SIETE
TRES	DIECISIETE
TRECE	CUATRO
CINCO	CATORCE
QUINCE	DIEZ
NUEVE	VEINTE
DIECINUEVE	DOS
CERO	DOCE

75 - Tage und Monate

```
Y  N  F  Í  L  Í  D  Y  Z  A  Í  B  Q  H  Í  Q
Í  O  R  E  N  E  R  B  M  E  I  T  P  E  S  U
B  V  I  M  J  M  R  D  G  J  C  B  B  M  B  U
L  I  Q  N  E  R  B  M  E  I  C  I  D  Q  W  M
R  E  G  B  U  W  O  I  R  A  D  N  E  L  A  C
A  M  V  Y  Y  J  I  É  L  U  N  E  S  I  Q  I
Ñ  B  D  U  L  U  L  R  O  G  N  I  M  O  D  T
O  R  Q  D  I  V  U  C  C  T  Q  R  O  V  X  P
F  E  M  H  O  Q  J  O  T  W  S  R  Í  N  J  A
V  I  E  R  N  E  S  L  U  M  E  O  A  M  Z  G
A  B  X  V  N  J  J  E  B  E  T  D  G  Q  Z  H
Q  N  Í  U  E  B  L  S  R  S  R  A  K  A  Q  F
P  E  A  X  E  E  W  C  E  G  A  B  Y  K  W  C
V  C  N  M  I  J  J  N  L  Z  M  Á  Y  K  U  W
F  E  B  R  E  R  O  L  R  N  E  S  P  E  D  C
J  U  E  V  E  S  T  Y  Q  E  O  N  V  B  E  Í
```

AGOSTO
DICIEMBRE
MARTES
JUEVES
FEBRERO
VIERNES
AÑO
ENERO
JULIO
JUNIO

CALENDARIO
MIÉRCOLES
MES
LUNES
NOVIEMBRE
OCTUBRE
SÁBADO
SEPTIEMBRE
DOMINGO
SEMANA

76 - Emotionen

```
A A R U N R E T A S E R P R O S
G V T U A E V R M L N O N U Q I
R E R I B O W Q L D I J P V D M
A R A R U U G Í A V X V O L X P
D G N A R B A R C G V R I U C A
E O Q K R V Z T T H O I H O J T
C N U Q I L P Z E R D B H P H Í
I Z I Q M O D A N O I C O M E A
D A L A I D A Í K J N S M O Y M
O D I D E A D R C O E S T E E E
N O D U N J N G F Z T D X E V L
D E A W T A O E O J N P N A Z O
U D D K O L B L E D O J G D A A
A M O R Y E H A C W C V S V P S
M M P X A R Z N M I E D O A D T
S A T I S F E C H O U X W S Y C
```

MIEDO
EMOCIONADO
AVERGONZADO
AGRADECIDO
RELAJADO
ALEGRÍA
BONDAD
PAZ
CONTENIDO
ABURRIMIENTO

AMOR
ALIVIO
TRANQUILIDAD
CALMA
SIMPATÍA
TRISTEZA
SORPRESA
IRA
TERNURA
SATISFECHO

77 - Das Unternehmen

```
D R R O Í D U U C P P I F D Y J
W K E I J V B B A R O N Í E J M
L O E C C N P T L O S D P C R S
Q S L O U V B F I F I U R I I Y
P E V G R R U Í D E B S E S E Í
E R S E G N S X A S I T S I S H
C G O N K Q Í O D I L R E Ó G S
L O S D R A S I S O I I N N O A
L R E U U E B K G N D A T C S L
C P R U N C M S Q A A I A R W A
F H G E B G T P I L D X C E P R
J R N A L A B O L G Y B I A W I
N Ó I S R E V N I E X Í Ó T U O
K I N N O V A D O R O F N I L S
U N I D A D E S M W N L J V O E
R E P U T A C I Ó N X R Í O I J
```

EMPLEO
UNIDADES
INGRESOS
DECISIÓN
PROGRESO
NEGOCIO
GLOBAL
INDUSTRIA
INNOVADOR
INVERSIÓN

CREATIVO
SALARIOS
POSIBILIDAD
PRESENTACIÓN
PRODUCTO
PROFESIONAL
CALIDAD
RECURSOS
RIESGOS
REPUTACIÓN

78 - Kräuterkunde

```
T X P H J Í N A P J V N U I K J
P O G V R M G O C I T Á M O R A
T E M S Í S X I H A O R E M O R
H Y R I N M T R I R H F G Í B D
M S W E L D Z A N T D A Y Y A Í
F L O R J L S N O P R Z B I S N
H Í D K M I O I J P F A Q L K C
I L L Z G A L L O V E R D E A A
J K E C C R M U L A V A N D A L
E R N O S O I C I F E N E B O I
H M E J O R A N A W H Y Q Q D D
I N G R E D I E N T E L W B I A
C A C M A V L F V I W O O Z D D
Í D Í I R A O F Q W G J Y A T Z
L D S V J F Q C S E L S K Y Z V
E S T R A G Ó N E B A J O R W Í
```

AROMÁTICO

ALBAHACA

FLOR

ENELDO

ESTRAGÓN

HINOJO

JARDÍN

SABOR

VERDE

AJO

CULINARIO

LAVANDA

MEJORANA

PEREJIL

CALIDAD

ROMERO

AZAFRÁN

TOMILLO

BENEFICIOSO

INGREDIENTE

79 - Aktivitäten und Freizeit

```
P  P  E  B  Í  L  B  S  I  N  E  T  O  N  Y  B
I  E  Z  N  Z  O  W  A  U  N  C  G  T  Y  V  R
N  S  G  H  J  B  T  L  L  R  L  S  J  W  P  W
T  C  N  R  L  I  C  S  X  O  F  I  V  Q  L  P
U  A  E  A  Í  E  J  A  I  V  N  K  Z  D  C  P
R  H  F  G  O  L  F  R  M  I  C  C  Í  V  Í  D
A  B  Ú  J  N  O  V  E  J  P  Z  E  E  T  R  A
L  Z  T  V  Ó  Y  V  R  A  D  I  T  Z  S  A  F
L  O  B  S  I  É  B  R  R  D  K  N  A  A  T  V
X  E  O  E  C  U  B  A  D  U  T  A  G  R  A  O
P  X  L  I  A  Í  X  C  I  Í  R  J  Q  P  V  Q
T  O  S  J  T  M  Í  T  N  J  W  A  W  M  A  Í
T  B  R  A  A  R  Q  Y  E  U  U  L  Z  O  M  V
O  X  D  O  N  W  K  S  R  O  T  E  A  C  A  O
N  G  N  S  W  D  M  V  Í  P  G  R  J  F  M  I
U  D  V  P  C  Y  N  P  A  B  B  V  G  S  D  Í
```

PESCA
BÉISBOL
BALONCESTO
BOXEO
CAMPING
COMPRAS
RELAJANTE
FÚTBOL
JARDINERÍA
PINTURA

GOLF
ARTE
VIAJE
CARRERAS
NATACIÓN
SURF
BUCEO
TENIS
VOLEIBOL

80 - Formen

```
C F D Y N H X R L K N I Í O U P
S U J O Í A O D O J Z A E N Í L
C T A N I U Q S E Z L L A C Y I
W Í O D C U R V A U J O N O C W
B S R U R M C C R K A B G A Y I
T M D C T A V Q A E R R P T U U
J V N L U F D P R W Í É O O U W
E P I B S L G O C C Q P B N E H
L G L I U T O L O T Y I U O D O
I V I Q D X B U G P X H C G I A
P H C V A Q P G Y N X E Z Í M X
S K R E C T Á N G U L O F L Á O
E B O R D E S Á R O V A L O R V
P A B G S Í T I S D Í J U P I Y
Z P P E X A T R U A M S I R P P
M T W B F G M T Z L W M D F H W
```

ARCO	OVAL
TRIÁNGULO	POLÍGONO
ESQUINA	PRISMA
ELIPSE	PIRÁMIDE
HIPÉRBOLA	CUADRADO
BORDES	RECTÁNGULO
CONO	RONDA
CÍRCULO	LADO
CURVA	CUBO
LÍNEA	CILINDRO

81 - Musik

```
F  V  C  Z  M  J  V  K  Q  M  H  A  M  R  T  I
F  D  N  J  P  Ú  Ó  Q  P  P  I  R  I  Í  E  M
Q  K  T  V  A  S  P  I  J  P  M  C  T  M  P
M  E  L  O  D  Í  A  I  E  C  Í  Ó  R  M  P  R
A  R  M  O  N  Í  A  O  C  R  Z  N  Ó  I  O  O
X  S  A  E  R  B  J  D  I  O  A  I  F  C  A  V
N  H  S  O  H  L  Í  R  I  C  O  C  O  O  W  I
Q  E  T  N  A  T  N  A  C  I  T  O  N  R  Í  S
M  F  B  N  M  A  I  T  Q  S  M  B  O  X  U  A
V  U  Á  L  B  U  M  N  F  Á  R  I  T  M  O  R
Y  I  S  R  J  X  Í  A  S  L  H  G  J  K  Y  Y
F  Y  S  I  J  F  K  C  U  C  X  O  T  Y  U  E
H  N  B  X  C  V  P  O  É  T  I  C  O  M  J  O
C  O  R  O  N  A  D  A  L  A  B  Y  V  L  L  U
Q  Q  B  U  X  G  L  R  P  H  R  G  V  J  I  C
I  N  S  T  R  U  M  E  N  T  O  Q  Y  B  A  N
```

ÁLBUM
BALADA
CORO
ARMONÍA
ARMÓNICO
IMPROVISAR
INSTRUMENTO
CLÁSICO
LÍRICO
MELODÍA

MICRÓFONO
MUSICAL
MÚSICO
ÓPERA
POÉTICO
RÍTMICO
RITMO
CANTANTE
CANTAR
TEMPO

82 - Antiquitäten

```
I Z N G E L D A D I L A C Y M P
E J R A L E Y U K O T T F L L B
H A J L E D L T M E L B E U M H
S H G E G S N É N S A Y O J N H
P E T R A H E N W T E W E H N O
V R Q Í N J J T U I L A A Z E V
L I E A T F J I I L A U S U N I
I F E C E W R C P O U I A P Ó T
I E V J I Í G O U C N C D I I A
V T L O O O A J L Q A V E N S R
E N T U S I A S T A Z P N T R O
S I G L O S Z F T A V D O U E C
V D D S W U M H D L E K M R V E
E S C U L T U R A R A R J A N D
C O N D I C I Ó N Q E V W S I J
U U M Í C D E H N L P D H Q J V
```

VIEJO
AUTÉNTICO
DECORATIVO
ELEGANTE
ENTUSIASTA
GALERÍA
PINTURAS
INVERSIÓN
SIGLO
ARTE

MUEBLE
MONEDAS
PRECIO
CALIDAD
JOYAS
ESCULTURA
ESTILO
INUSUAL
VALOR
CONDICIÓN

83 - Adjektive #2

```
L  P  G  F  R  H  U  N  O  R  M  A  L  M  D  C
O  R  S  E  R  L  A  R  U  T  A  N  I  O  R  O
R  O  H  L  F  E  H  M  M  V  Í  M  E  B  A  M
G  D  W  E  C  A  S  P  B  H  Í  C  L  Q  M  E
U  U  X  G  V  E  M  C  Í  R  S  U  B  A  Á  S
L  C  A  A  M  T  J  O  O  L  I  W  A  E  T  T
L  T  U  N  S  N  E  F  S  M  Z  E  S  W  I  I
O  I  T  T  D  A  L  J  T  O  C  S  N  O  C  B
S  V  É  E  Y  S  B  L  S  V  V  A  O  T  O  L
O  O  N  C  R  E  A  T  I  V  O  L  P  T  O  E
V  L  T  V  Y  R  D  M  W  U  V  A  S  E  S  J
Y  R  I  F  B  E  U  F  T  G  E  D  E  X  F  A
L  F  C  F  B  T  L  C  H  T  U  O  R  M  W  V
D  G  O  M  N  N  A  G  Z  V  N  D  T  U  E  L
D  L  B  N  G  I  S  F  U  E  R  T  E  R  G  A
D  E  S  C  R  I  P  T  I  V  O  H  R  G  Z  S
```

AUTÉNTICO	CREATIVO
FAMOSO	NATURAL
DESCRIPTIVO	NUEVO
DRAMÁTICO	NORMAL
ELEGANTE	PRODUCTIVO
COMESTIBLE	SALADO
FRESCO	FUERTE
SALUDABLE	ORGULLOSO
HAMBRIENTO	RESPONSABLE
INTERESANTE	SALVAJE

84 - Kleidung

```
N C M A H Q Q M J U C C S V Z E
K O I O I X R U E H I H O P A V
N L I G D N O W A S N A M R I P
K L Z I O A W R N Í T Q B Q N O
G A L R B L M S S B U U R I C P
B R Z B Z X V A G Z R E E X B D
V S Q A P A S S J N Ó T R C Y I
V E S T I D O U Q I N A O I R V
T N A I V N W L Í J P A Y I K F
Z O Y K L A Í B X R J B D G B J
S L O E E F C R V R M K N E M N
G A J J F U A R E S L U P Q F H
I T X T M B M Z O T A P A Z A R
D N L A U M I O I E É X C O L U
M A Y J H Y S E T N A U G X D T
G P L A T N A L E D Í N S G A Z
```

PULSERA

BLUSA

CINTURÓN

COLLAR

GUANTES

CAMISA

PANTALONES

SOMBRERO

CHAQUETA

JEANS

VESTIDO

ABRIGO

MODA

SUÉTER

FALDA

BUFANDA

PIJAMA

JOYAS

ZAPATO

DELANTAL

85 - Farben

```
B Í A R N A R A N J A I S C U F
Z G T M Y S R M J C Q O J W Í G
O U E V A R D R Q K P B W Í T P
A N L N Ó R R A M Z M Y Y P X Ú
Í W O I G L I M A G E N T A U R
B Q I S J R E L V E R D E R A P
Y Y V Q M R I C L B K G U S Z U
R O S A Y O A S U O E V L N U R
O U Z K N J F Í Z R R I I Í R A
S E P I A O E X A G U U G S F E
Y A D Y I O Y V N E C K J E X N
B L A N C O G I D N Í S I M U D
I H K X U K L Y L A F Z S R Z Í
C P D T T O D M D V L H L A C S
V W X Q L Í V J L E T A V C Y E
G Y O Y C H D Y S G U M S Í C E
```

AZUR
BEIGE
AZUL
MARRÓN
FUCSIA
AMARILLO
GRIS
VERDE
ÍNDIGO
PÚRPURA

MAGENTA
NARANJA
CARMESÍ
ROSA
ROJO
NEGRO
SEPIA
VIOLETA
BLANCO
CIAN

86 - Haus

```
E M H I Q V C B U N N E G N R J
T S E S C A O V O J D Y T A E A
P E C O B L C G Z Í R R S C S W
F L C O C L I T W R W X N Z C M
B L Q H B A N G E K E J A R A G
E A Q T O A A Á T I C O H L L D
L V H B H E B S A M H G C Á E O
E E L X A N A T N E V T U M R R
S S Q L E E J A X Í O P D P A M
P Í M H B M P A R E D U S A S I
E B I B L I O T E C A R L R M T
J J P Y D H S Q K N Q Z A A U O
O E W K Í C R Y A N O L M J E R
P M K U D Q P U E R T A Í M B I
H A B I T A C I Ó N T Í U W L O
Í Z N D Í O P Z K C V K P B E Q
```

ESCOBA
BIBLIOTECA
TECHO
ÁTICO
DUCHA
VENTANA
GARAJE
JARDÍN
CHIMENEA
COCINA

LÁMPARA
MUEBLE
DORMITORIO
LLAVES
ESPEJO
ESCALERAS
PUERTA
PARED
VALLA
HABITACIÓN

87 - Bauernhof #1

```
C H L C E J D A C A V U L A A F
A D O K A W G G V A L L A R Y E
B C M I A B A U Z Í S Y N R W R
R J C A D C A A M S P E X O L T
A R O E L F M L X H N O A Z F I
U M Q J S A T B L D G V M D J L
A S P L L N Í I J O P R P X Y I
S E W O D R E C E O N E H D R Z
C Z E P L A W H D R B U R R O A
U H D M E L R S L E R C M Y T N
Y M G A I A O A L N R A E B A T
V G C C M O G X G R S J L E G E
N F N D D O D Q X E V E J S O R
G W H G W D F B V T H B C X D G
E N R V K P E R R O T A A I P Q
H A G R I C U L T U R A H L U J
```

ABEJA	CUERVO
FERTILIZANTE	VACA
BURRO	TIERRA
CAMPO	AGRICULTURA
HENO	CABALLO
MIEL	ARROZ
POLLO	CERDO
PERRO	AGUA
TERNERO	VALLA
GATO	CABRA

88 - Regierung

```
J  D  R  J  I  G  O  Y  E  L  I  V  I  C  U  F
U  I  H  N  K  D  N  O  S  R  U  C  S  I  D  A
S  S  A  F  A  Ó  O  T  N  Í  D  X  G  B  N
T  T  Í  C  N  Ó  I  C  A  N  X  S  O  P  F  Ó
I  R  M  I  B  Z  S  I  D  A  D  L  A  U  G  I
C  I  B  O  H  Y  U  F  O  C  A  O  M  V  A  C
I  T  O  N  Í  C  C  Í  T  I  T  S  D  K  D  U
A  O  L  A  E  C  S  C  N  T  R  R  Í  B  U  T
W  G  O  L  R  D  I  A  E  Í  E  H  L  N  D  I
S  G  Í  K  R  P  D  P  M  L  B  L  T  F  Q  T
D  E  R  E  C  H  O  S  U  O  I  L  V  P  Y  S
A  E  Q  E  A  Í  Q  P  N  P  L  Y  Í  N  D  N
W  Y  V  J  V  I  E  Q  O  E  O  F  O  D  U  O
L  G  X  T  V  G  T  K  M  D  Í  W  P  S  E  C
I  N  D  E  P  E  N  D  E  N  C  I  A  U  Z  R
D  E  M  O  C  R  A  C  I  A  D  U  B  N  B  E
```

DISTRITO
DEMOCRACIA
MONUMENTO
DISCUSIÓN
LIBERTAD
PACÍFICO
LÍDER
JUSTICIA
LEY
IGUALDAD

NACIÓN
NACIONAL
POLÍTICA
DERECHOS
DISCURSO
ESTADO
SÍMBOLO
INDEPENDENCIA
CONSTITUCIÓN
CIVIL

89 - Berufe #1

```
F O N T A N E R O P S F D F M I
D F B V G Í V O C I N Á C E M A
R Z Y F X W N Í R A L I A B O C
A C W L X O I R A N I R E T E V
A T S I T R A O Y I S M T G I C
P B D C R E C D W S O Ú U E Y O
Y W O F Z Y S A H T M S M Ó Y N
R V R G U O N Z R A O I S L A T
K Z Y R A J F A N T N C F O R A
R F F N H D G C E A Ó O G G E B
D O C T O R O K R T R G W O M L
P S I C Ó L O G O Q T P R C R E
S Y B A N Q U E R O S O Z A E R
E N T R E N A D O R A C F Z F V
Y H G Q L E M B A J A D O R N O
W T B I Z C A X M L N H U Q E W
```

DOCTOR
ASTRÓNOMO
BANQUERO
EMBAJADOR
CONTABLE
GEÓLOGO
CAZADOR
JOYERO
CARTÓGRAFO
FONTANERO

ENFERMERA
ARTISTA
MECÁNICO
MÚSICO
PIANISTA
PSICÓLOGO
ABOGADO
BAILARÍN
VETERINARIO
ENTRENADOR

90 - Adjektive #1

```
A D G O D N U F O R P H N Z U G
S B J G K N F E V T E N O R M E
O I S A T K K L I O S R B M L T
M N T O U U Í I T C P E M M W N
R Z C D L L Í Z C I T K N Q E A
E J V A J U E B A T P Q L O O T
H Y A S V K T N E Á A P Q V H R
G V L E X Q Í O T M R T C I I O
T Z I P B R O B G O T O B T N P
E Y O E P H L X A R Í K G C O M
A B S Í Q F X Y D A S X R A C I
Q Y O O S C U R O J T Í G R E Q
V X R D E L G A D A I N J T N Q
P E R F E C T O A F C F E A T W
M O D E R N O A Y I O T M H E O
C R U A M J I I D É N T I C O G
```

ABSOLUTO
ACTIVO
AROMÁTICO
ATRACTIVO
OSCURO
DELGADA
HONESTO
FELIZ
IDÉNTICO
ARTÍSTICO

LENTO
MODERNO
PERFECTO
ENORME
HERMOSA
PESADO
PROFUNDO
INOCENTE
VALIOSO
IMPORTANTE

91 - Geometrie

```
E E S R K H V R V A N T Í L L R
Y C P A R A L E L O Z Ú L Í Í X
H S U M Q G F K G K L O M B J X
M V F A Í R T E M I S B Y E O U
D S T S C L Q A C D N H C I R D
U I U A B I U T U L Ó G I C A O
F H M M T M Ó B A A I D C I Í T
Q U Q E Í B P N D T C I Í F R N
V Y D O N B O B R N R Á R R O E
V G Y L U S E R A O O M C E E M
A L T U R A I A D Z P E U P T G
P A E C R T T Ó O I O T L U V E
U V O L U G N Á N R R R O S W S
T R I Á N G U L O O P O A I F Y
X U V C V S A P J H I T T V I R
P C M Q D Í Í Í V C Y R F T P K
```

PROPORCIÓN	LÓGICA
CÁLCULO	MASA
DIMENSIÓN	NÚMERO
TRIÁNGULO	SUPERFICIE
DIÁMETRO	PARALELO
ECUACIÓN	CUADRADO
HORIZONTAL	SEGMENTO
ALTURA	SIMETRÍA
CÍRCULO	TEORÍA
CURVA	ÁNGULO

92 - Jazz

```
G K O Í V V F L K N O L E R I A
F Í F O X R A Í Q N T Y H M G C
G A K M T O V V M A R W B Í D I
S T M K M T O K N U E V O R Q N
E S U O I I R Y Ó A I G L L C C
S I B J S S I A I T C V I V L É
Q T L F S O T D C S N I T G J T
O R Á Z S P O R N E O E S I K A
L A E Y S M S P A U C J E Ú E L
R I T M O O N I C Q E O F F M E
U H Í P A C L I F R O D V Í Í N
I X N W Q S T O O O V F H T G T
P X F C I Z M Ú S I C O S Í J O
I M P R O V I S A C I Ó N E B M
A P L A U S O W A J K O I M M C
Í Z X O E G É N E R O J H Q J K
```

ÁLBUM	CANCIÓN
VIEJO	MÚSICA
APLAUSO	MÚSICOS
FAMOSO	NUEVO
FAVORITOS	ORQUESTA
GÉNERO	RITMO
IMPROVISACIÓN	SOLO
COMPOSITOR	ESTILO
CONCIERTO	TALENTO
ARTISTA	TÉCNICA

93 - Mathematik

```
V P Y R A L U C I D N E P R E P
O R T E M Í R E P I E K T Y Y C
L L C U A D R A D O E C L M L B
U J E Á N G U L O S C P I A M Í
M V M L X E S B Q Z U A N M L E
E L O Z A I I O I D A R Z Í A X
N Í E W V R N Ó I C C A R F Z L
R J I O S M A Y Q H I L X G I M
J X S R N U Y P H U Ó E R P I O
R E C T Á N G U L O N L S K U V
S U M A D Q E T N E N O P X E Í
T R I Á N G U L O N O G Í L O P
S I M E T R Í A J K Í R K Í P K
G E O M E T R Í A X C A P Í S W
V C I B U D A C I T É M T I R A
D I Á M E T R O N H W O G P F Y
```

ARITMÉTICA	POLÍGONO
FRACCIÓN	CUADRADO
DECIMAL	RADIO
TRIÁNGULO	RECTÁNGULO
DIÁMETRO	PERPENDICULAR
EXPONENTE	SUMA
GEOMETRÍA	SIMETRÍA
ECUACIÓN	PERÍMETRO
PARALELO	VOLUMEN
PARALELOGRAMO	ÁNGULOS

94 - Messungen

```
I B M M K I L Ó M E T R O X P C
R V B U I Í F X L T Q P S P R E
T W K Í R N N O W Y T M C F O N
T K I Q V J U A I B O V V W F T
B S N Í M D U T I G N O L L U Í
B Z G F F I Q S O S E P A L N M
V Q E X A Z E H R D L D X K D E
L I T R O Í V Q T T A Z N O I T
G F T Z D S N W E A D R V Q D R
J F W G F M X V M D A C G C A O
N F T K S T P E K A N X E F D M
M A S A B O M A R G O L I K X P
P N E N Z H M V O L U M E N T D
M O E L Y C A A R U T L A P K P
G Y Z X L N P L R P Q L A N S G
D E C I M A L W U G N T K W N I
```

ANCHO
BYTE
DECIMAL
PESO
GRADO
GRAMO
ALTURA
KILOGRAMO
KILÓMETRO
LONGITUD

LITRO
MASA
METRO
MINUTO
PROFUNDIDAD
TONELADA
ONZA
VOLUMEN
CENTÍMETRO
PULGADA

95 - Boxen

```
R G R A N C V X H P J H Z O M R
N U A N I U Q S E G U B T P P E
G A L A L E U Y S H B Ñ Í O A C
Í N L P E R S X Y N T A O N T U
K T I M S P P G L N F W C E E P
J E B A I O R T I B R Á E N A E
H S R C O S H I A O Q H N T R R
R W A Z N R E C O N R B T E H A
P Á B G E L X M Q Y Z R R J A C
U Y P S S Y H A O M S K A F B I
J M Í I B S A D R E U C R U I Ó
Y M X E D T U Z P U N T O S L N
A Y U M L O S H R Z L U Q K I X
Q J M I X D T W K E Í D K B D D
X F Q N Q O O G L X U V Q U A Í
L Y G L U C H A D O R F B T D R
```

ESQUINA	PATEAR
CODO	BARBILLA
EXHAUSTO	CUERPO
PUÑO	PUNTOS
HABILIDAD	RECUPERACIÓN
CENTRAR	ÁRBITRO
OPONENTE	RÁPIDO
CAMPANA	CUERDAS
GUANTES	FUERZA
LUCHADOR	LESIONES

96 - Psychologie

```
P E R C E P C I Ó N I D E A S E
C E V A L U A C I Ó N A S I O Í
R L R P L G A C S L Ó D E C D Í
E G Í Y L S Y Y H S I I N N R Z
A Í S N N A N Q E U C L S A E Í
L O U N I I S Z S L I A A F U X
I J E T F C W Q D E N N C N C C
D S Ñ H H N O X C A G O I I E O
A D O V F E T B B Í O S Ó X R N
D W S G D U H A Y D C R N M J F
C K X E E L A I P A R E T S R L
S I R B K F R D V L P P G L Z I
G A T L Í N A D B D A J D H K C
Y A D A F I Y P R O B L E M A T
S U B C O N S C I E N T E N N O
Y K L I N C O N S C I E N T E Í
```

EVALUACIÓN	PERSONALIDAD
INCONSCIENTE	PROBLEMA
EGO	SENSACIÓN
INFLUENCIAS	CITA
RECUERDOS	TERAPIA
IDEAS	SUEÑOS
INFANCIA	SUBCONSCIENTE
CLÍNICO	PERCEPCIÓN
COGNICIÓN	REALIDAD
CONFLICTO	

97 - Bauernhof #2

```
Y P B W R G C X S H O Q S U D B
Z A N E M L O C Z U O Q R S X C
K S Q W Q L S S J E M M L L G P
O T A P L S L W X R O T C A R T
G O R U D A M A Í T J L V V N N
E R Í F O U P V M O G I R T Q T
I C C O R D E R O A A U O Í I I
R O E F E K B Í Í T L W T I R D
P P O B N S M Í R U P B L N U O
U V O Í A J R L W R O Z U O O H
V F X Í R D E N M F I N C U R E
W J X H G S A P R A D O I X I A
O V E J A Q G U L N U A R L V Y
Z O Z L N T U Í I M M V G W O N
U P F O E V E G E T A L A O I M
L E C H E M A Í Z A P D R S S B
```

AGRICULTOR	LECHE
RIEGO	HUERTO
COLMENA	MADURO
PATO	OVEJA
FRUTA	PASTOR
VEGETAL	GRANERO
CEBADA	TRACTOR
LLAMA	TRIGO
CORDERO	PRADO
MAÍZ	MOLINO

98 - Berufe #2

```
B O U Z Q F P V O A E Q H A I I
P I W B E X I H R W B P O S N L
I R Ó X D E L G E H Q P C T V U
N A P L M R O T N E V N I R E S
T C E Z O A T S I T N E D O S T
O E R O F G O U D U Z D É N T R
R T I Ó A K O D R G B J M A I A
P O O L R K Í A A I R L K U G D
O I D O G R N H J I Í S Q T A O
N L I G Ó P R O F E S O R A D R
N B S O T D E T E C T I V E O R
A I T O O F C I R U J A N O R E
T B A O F O S Ó L I F S B M I O
I N G E N I E R O K S D Y Z L A
X X T U F U Í R G L Y P Z G C
X B X Q L I N G Ü I S T A H M F
```

MÉDICO
ASTRONAUTA
BIBLIOTECARIO
BIÓLOGO
CIRUJANO
DETECTIVE
INVENTOR
INVESTIGADOR
FOTÓGRAFO
JARDINERO

ILUSTRADOR
INGENIERO
PERIODISTA
PROFESOR
LINGÜISTA
PINTOR
FILÓSOFO
PILOTO
DENTISTA
ZOÓLOGO

99 - Wetter

```
T  G  R  A  Y  O  N  P  O  L  A  R  A  Y  E  C
T  R  E  U  S  D  T  G  Z  Z  R  V  T  K  K  L
M  A  O  H  I  E  L  O  I  X  U  I  M  Z  J  I
T  G  R  P  R  Í  N  A  I  I  T  E  Ó  W  I  M
J  R  I  L  I  H  Á  B  C  T  A  N  S  M  X  A
H  T  C  N  O  C  C  F  C  O  R  T  F  O  I  S
E  H  S  Y  C  W  A  F  V  R  E  O  E  N  M  I
R  F  W  A  R  T  R  L  C  M  P  A  R  Z  R  R
H  J  M  Í  A  X  U  D  X  E  M  E  A  Ó  V  B
T  R  U  E  N  O  H  B  U  N  E  B  U  N  S  I
J  I  U  A  T  Y  J  B  Y  T  T  A  X  Z  D
R  D  H  L  B  K  C  C  H  A  I  N  Q  T  U  V
M  N  C  B  O  Q  B  I  M  C  P  S  P  M  V  N
D  Z  S  E  Q  U  Í  A  E  B  U  J  E  W  Z  Q
U  Z  I  I  J  C  L  M  W  L  I  M  T  C  Í  B
T  O  R  N  A  D  O  B  V  D  O  O  I  S  O  M
```

ATMÓSFERA	NIEBLA
RAYO	POLAR
BRISA	ARCO IRIS
TRUENO	TORMENTA
SEQUÍA	TEMPERATURA
HIELO	TORNADO
CIELO	SECO
HURACÁN	TROPICAL
CLIMA	VIENTO
MONZÓN	NUBE

100 - Chemie

```
R O D A Z I L A T A C Á S E M H
C T Í C A A Í R A E L C U N H I
D A I Í B J Q S E J T I Í J V D
W L R F F Í U S J A E D U Q X R
O U Q B H T I A U R C O S E P Ó
H C K N O U D M A U M C G L V G
W É U B Z N O I S T C X I F D E
Z L D J L F O Z K A E B M Ó O N
C O M O P N Z N H R E M Í H N O
O M N Ó R T C E L E U S X L I W
Í S C V X G I T G P A M O A L D
K A A G I G Á X P M Z W S Y A C
J L L F T A Q N H E U U R C G
B C O L E S B U I T W B Í N L R
C Q R C L O R O C C R H X N A J
O X Í G E N O V L B O M F R A B
```

ALCALINO	CARBONO
CLORO	MOLÉCULA
ELECTRÓN	NUCLEAR
ENZIMA	ORGÁNICO
LÍQUIDO	REACCIÓN
GAS	SAL
PESO	OXÍGENO
CALOR	ÁCIDO
ION	TEMPERATURA
CATALIZADOR	HIDRÓGENO

1 - Gesundheit und Wellness #2

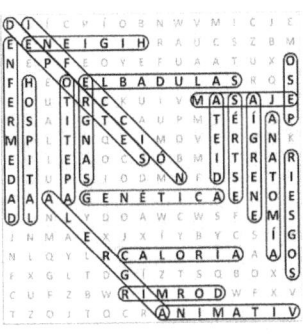

2 - Ozean

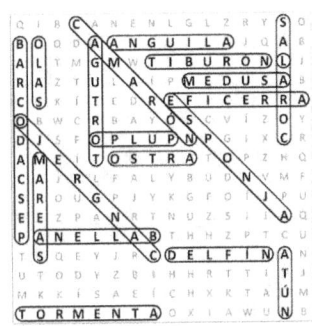

3 - Krankheit

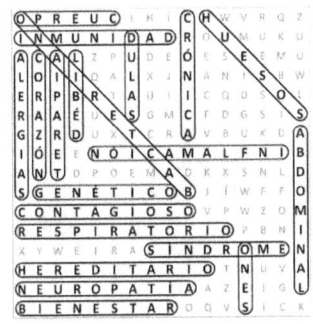

4 - Meditation

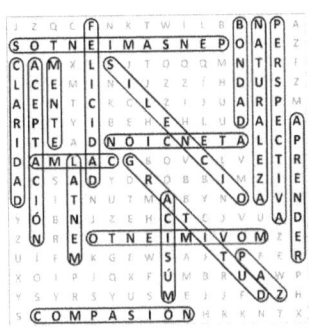

5 - Archäologie

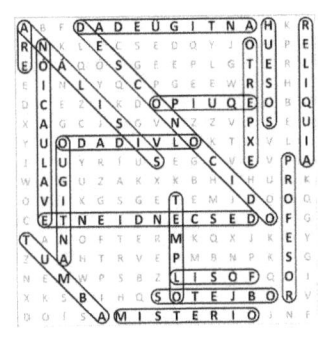

6 - Gesundheit und Wellness #1

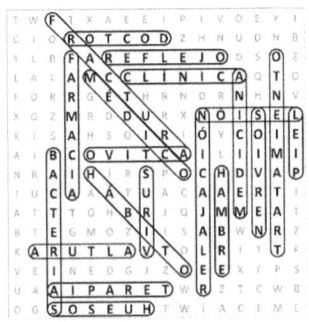

7 - Obst

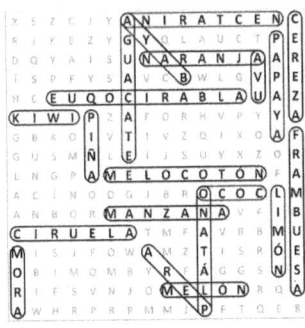

8 - Universum

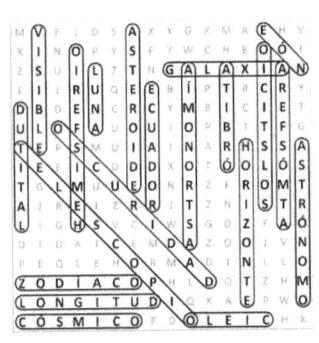

9 - Camping

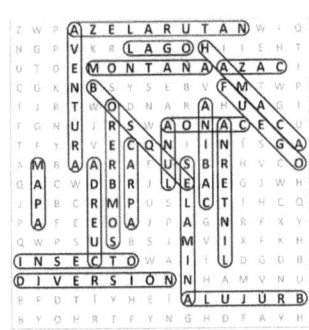

10 - Zeit

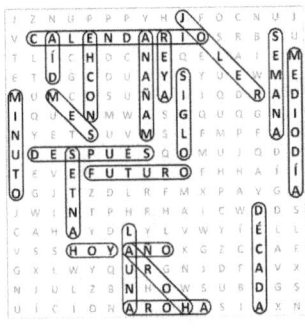

11 - Säugetiere

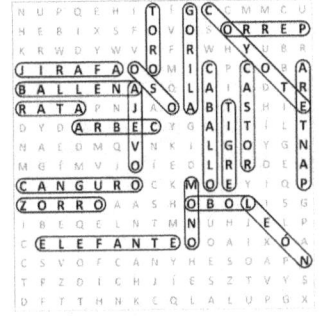

12 - Algebra

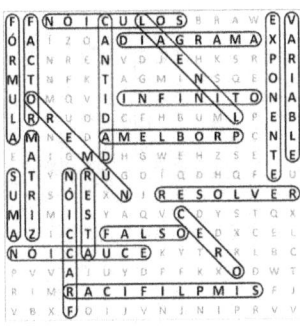

13 - Philanthropie

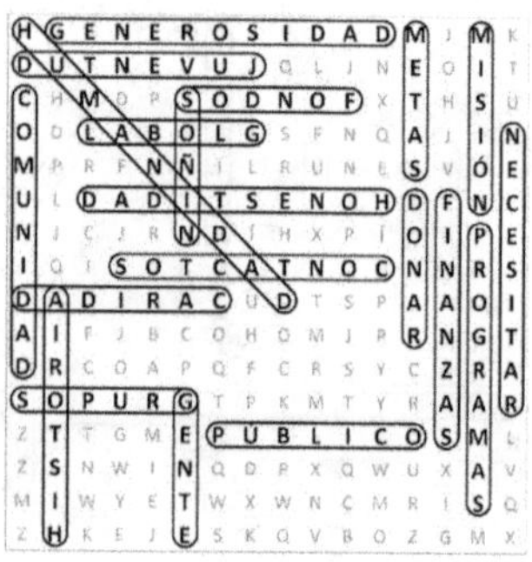

14 - Diplomatie

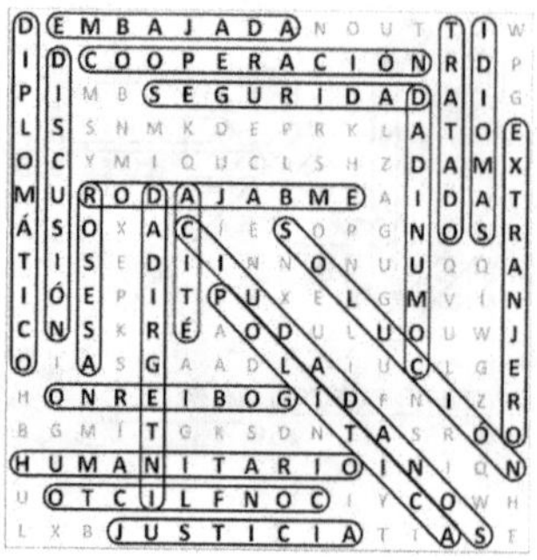

15 - Astronomie

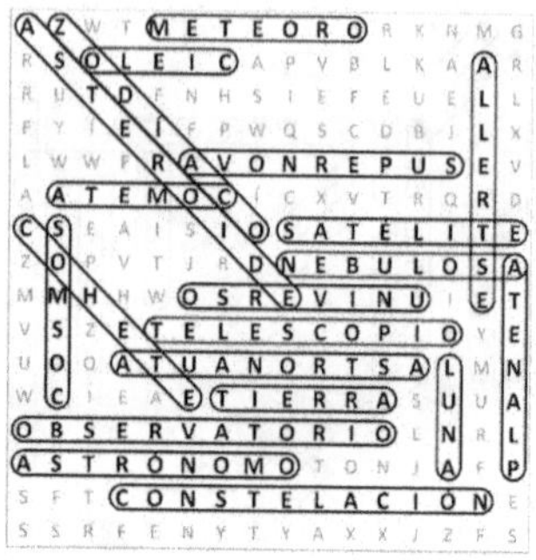

16 - Ballett

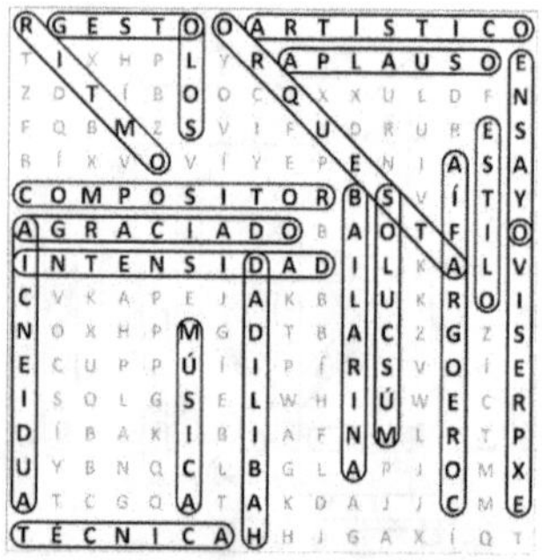

17 - Geologie

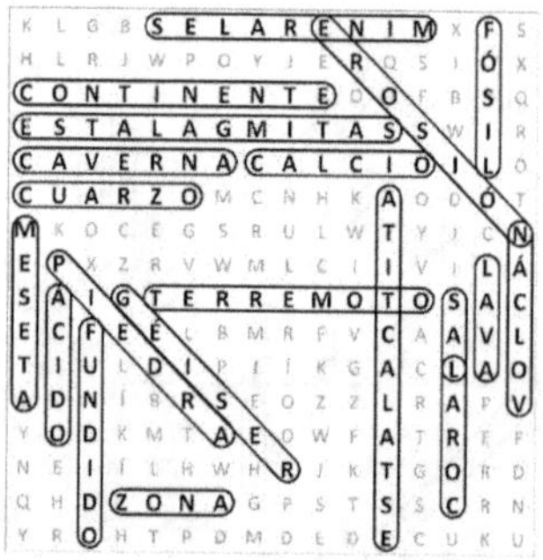

18 - Wissenschaft

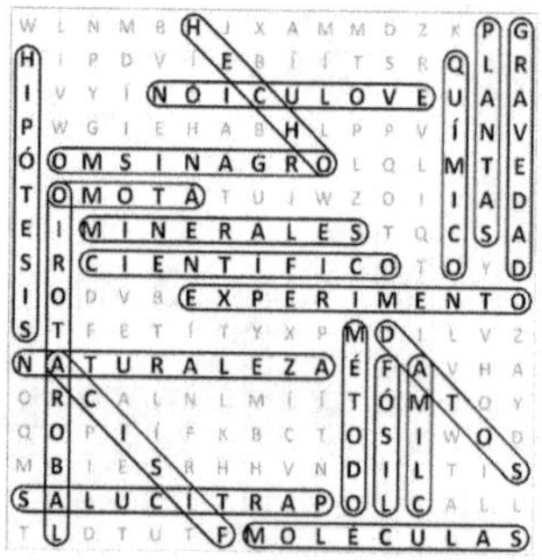

19 - Bildende Kunst

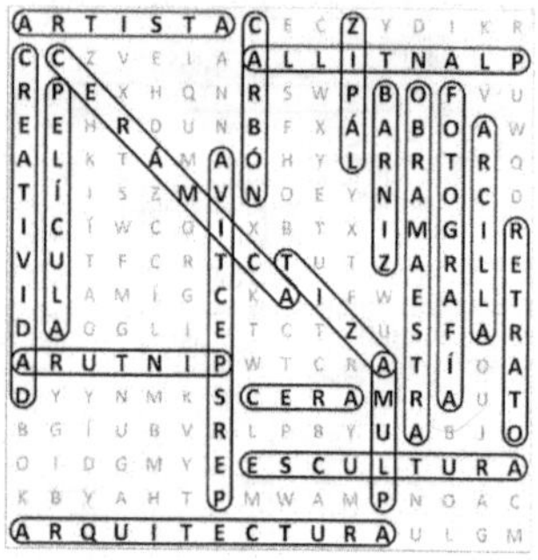

20 - Sport

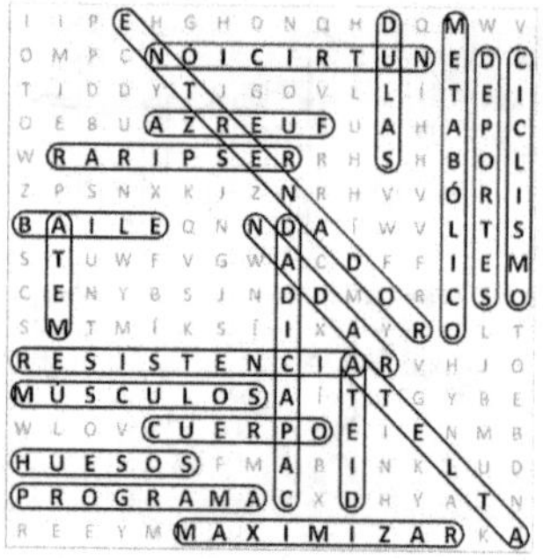

21 - Mythologie

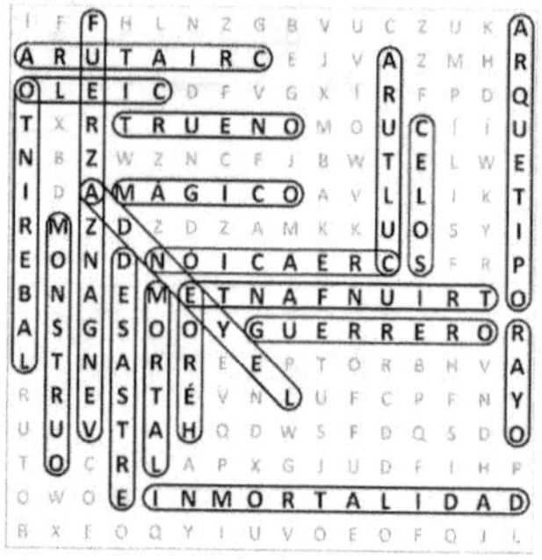

22 - Restaurant #2

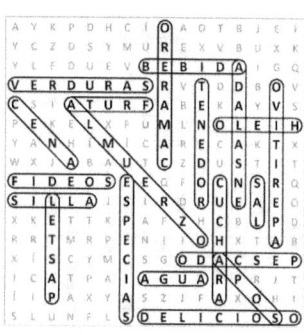

23 - Ökologie

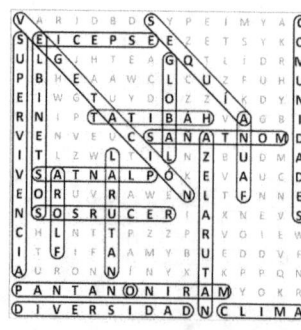

24 - Schokolade

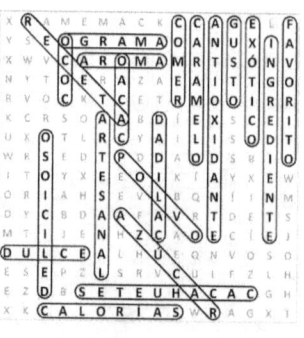

25 - Boote

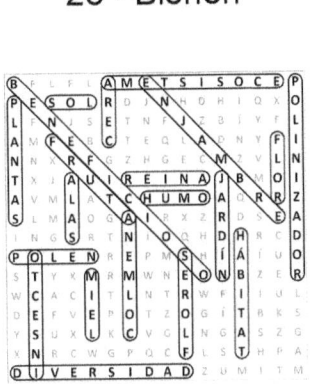

26 - Stadt

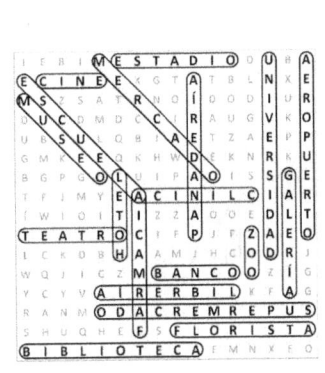

27 - Aktivitäten

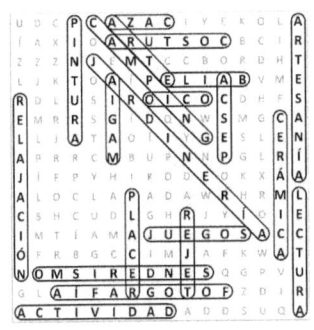

28 - Bienen

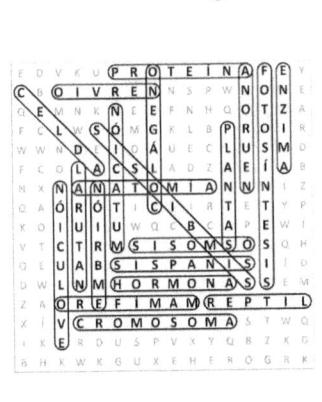

29 - Wissenschaftliche

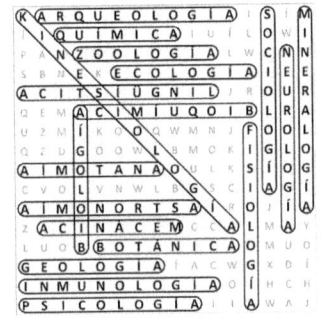

30 - Vögel

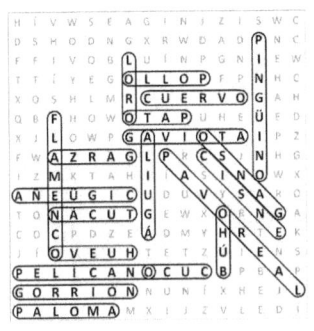

31 - Biologie

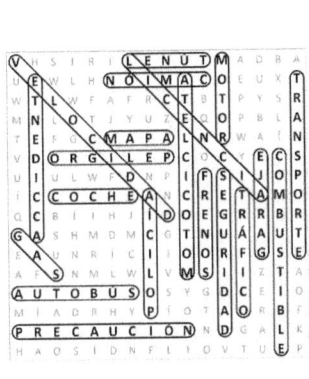

32 - Garten

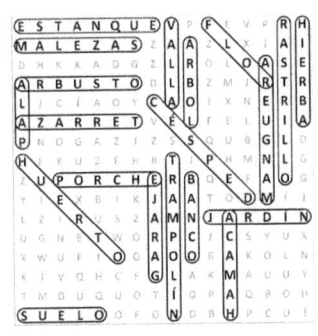

33 - Antarktis

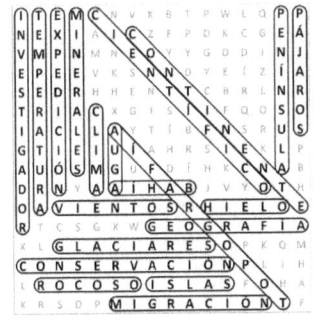

34 - Fahren

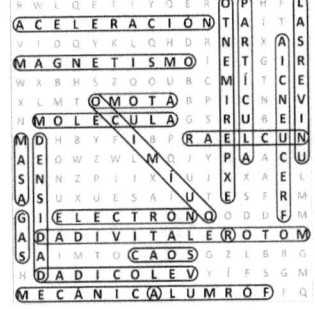

35 - Physik

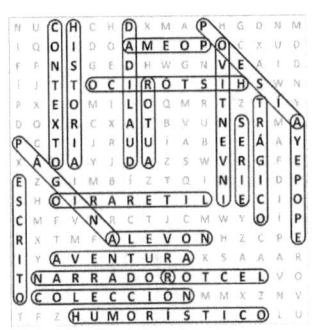

36 - Bücher

37 - Menschlicher Körper

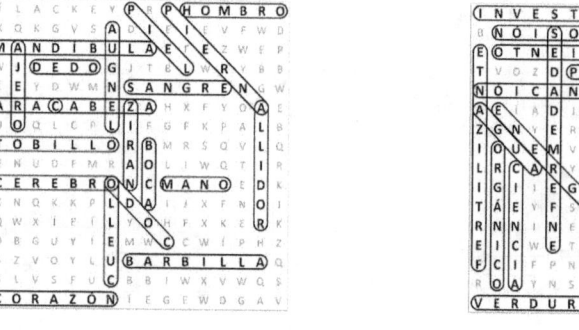

38 - Agronomie

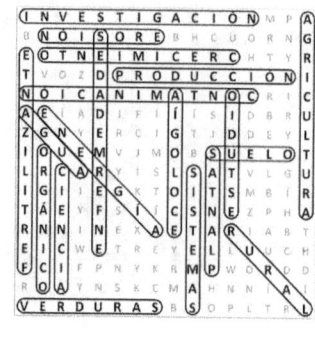

39 - Landschaften

40 - Abenteuer

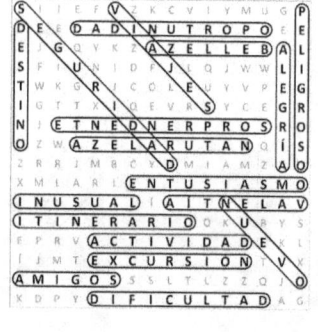

41 - Flugzeuge

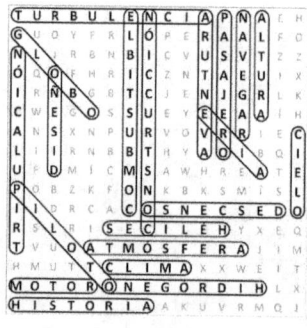

42 - Haartypen

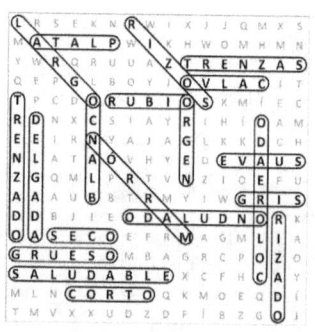

43 - Essen #1

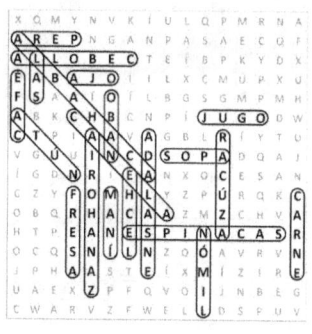

44 - Ethik

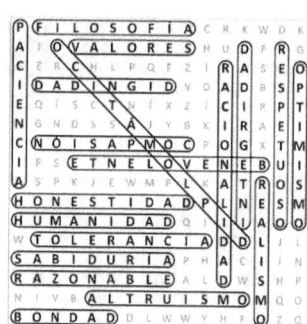

45 - Gebäude

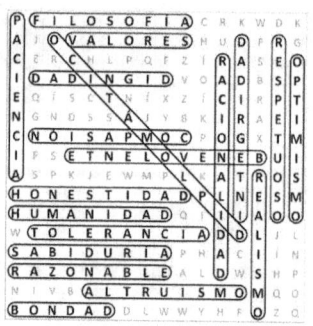

46 - Mode

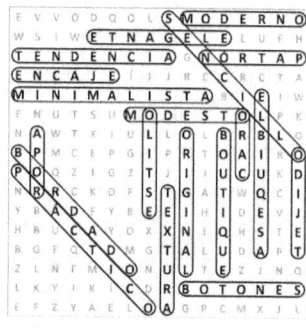

47 - Essen #2

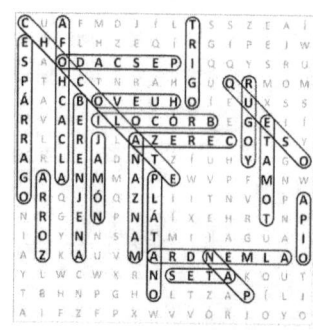

48 - Energie

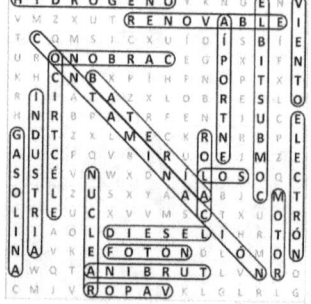

49 - Familie

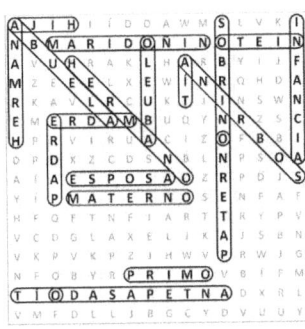

50 - Pflanzen

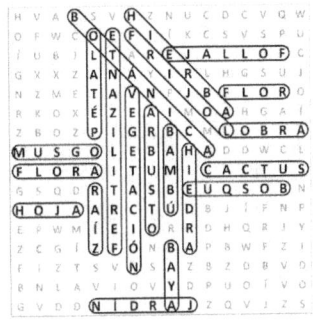

51 - Kunst

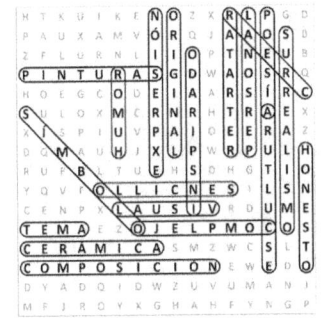

52 - Gewürze

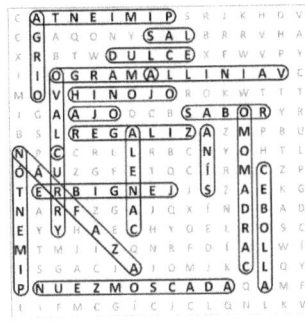

53 - Kreativität

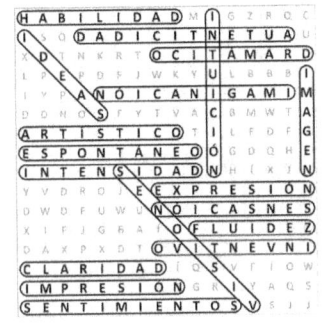

54 - Geschäft

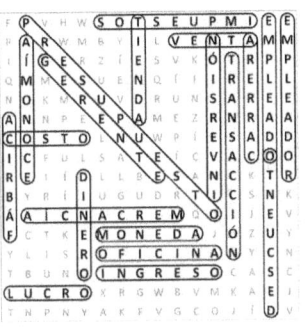

55 - Ingenieurwesen

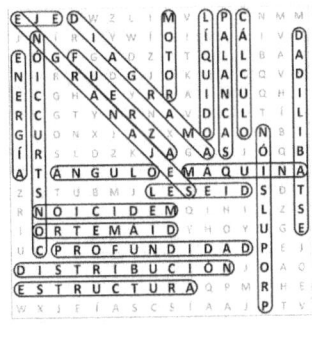

56 - Kaffee

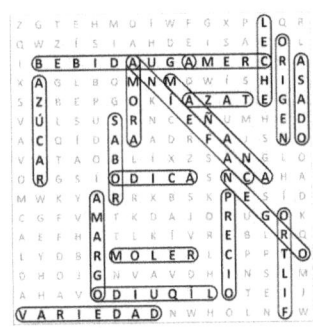

57 - Gemüse

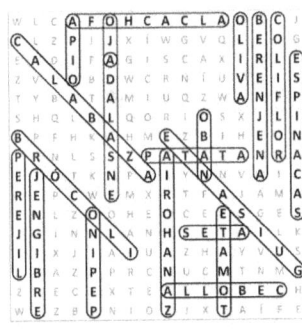

58 - Schönheit

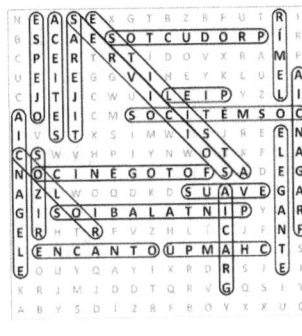

59 - Tanzen

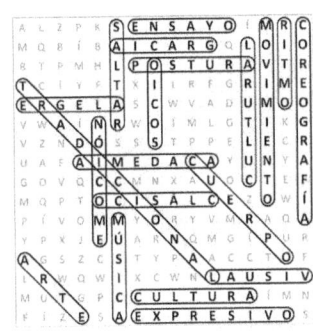

60 - Ernährung

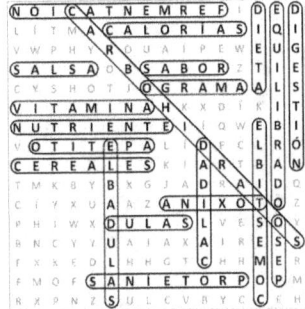

61 - Länder #1

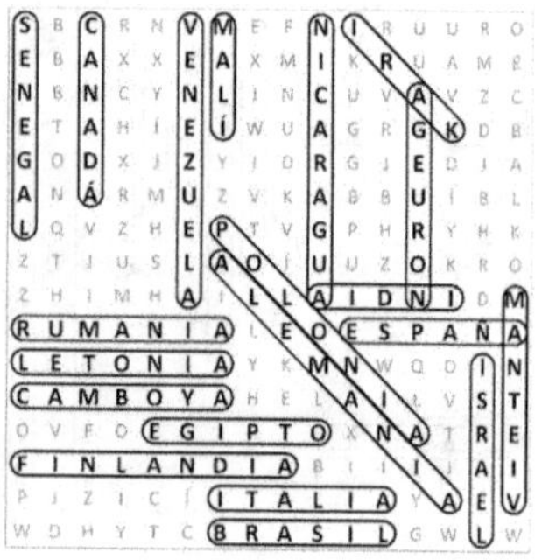

62 - Wasser

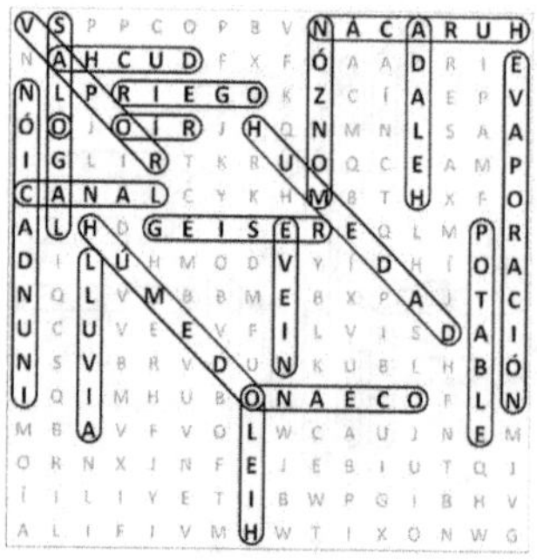

63 - Science Fiction

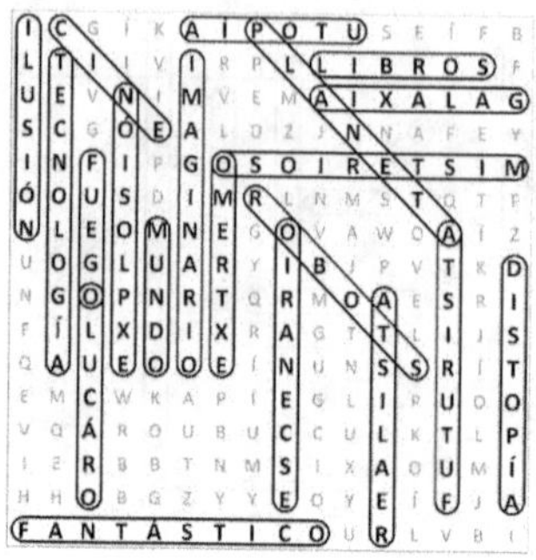

64 - Literatur

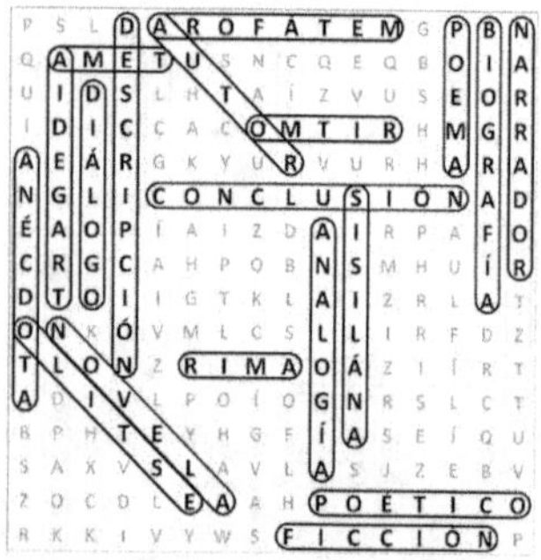

65 - Globale Erwärmung

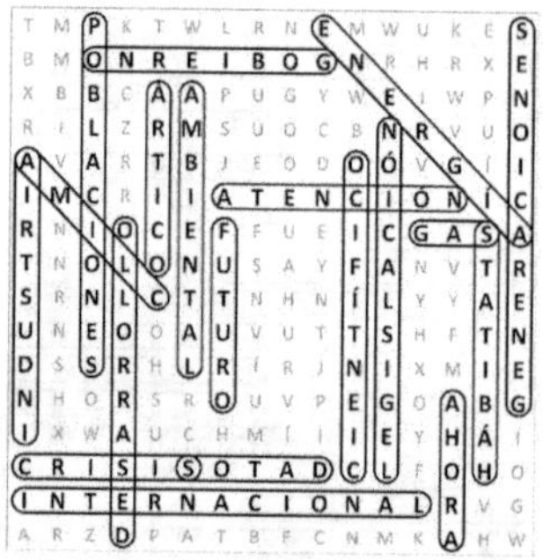

66 - Länder #2

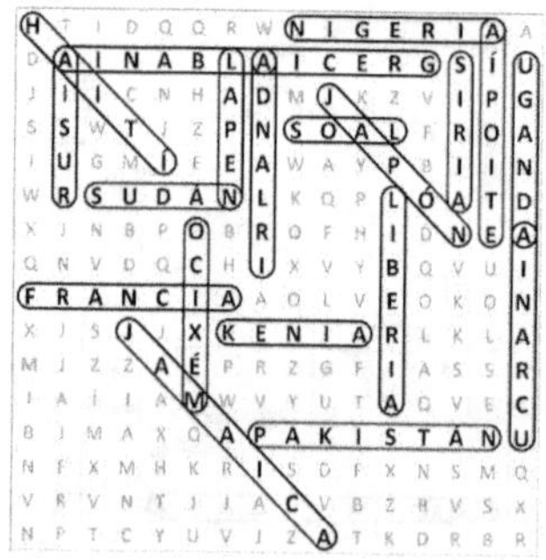

67 - Fahrzeuge

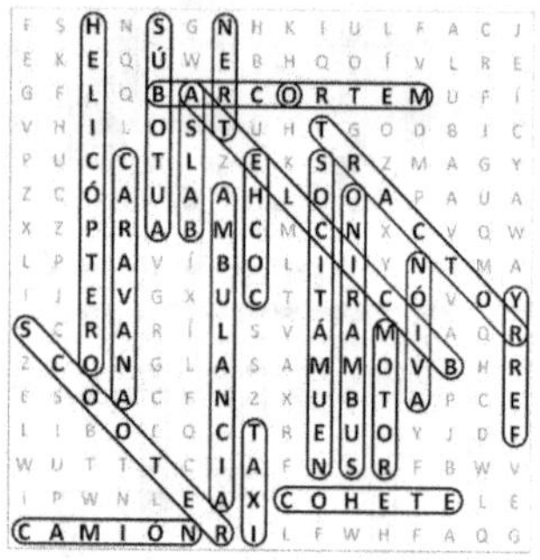

68 - Musikinstrumente

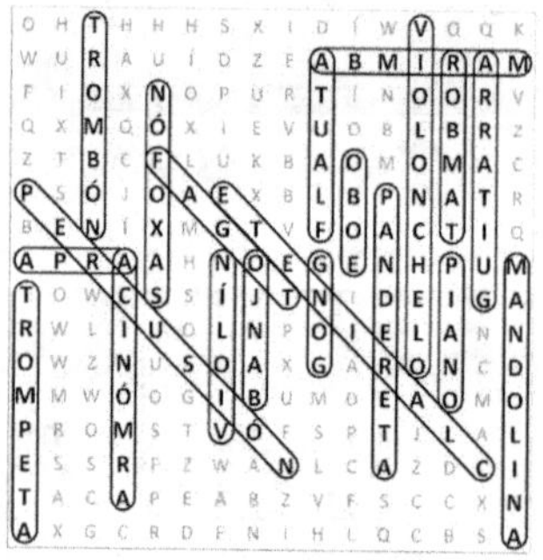

69 - Natur

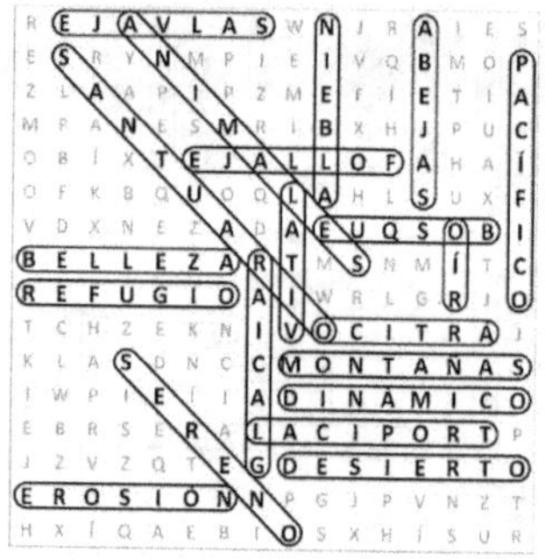

70 - Urlaub #2

71 - Barbecues

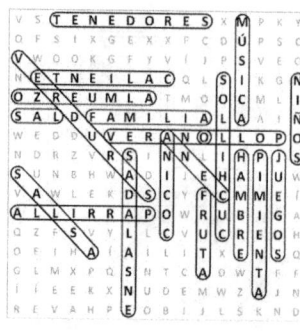

72 - Schach

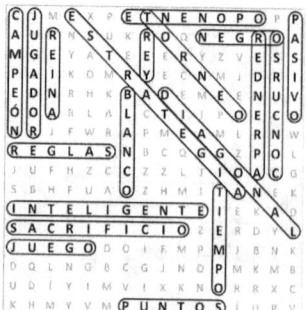

73 - Geographie

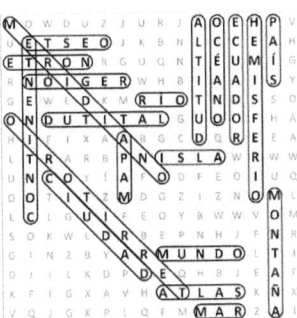

74 - Zahlen

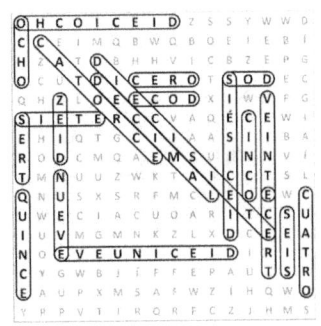

75 - Tage und Monate

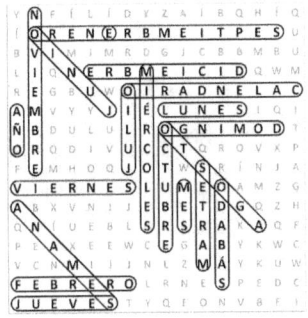

76 - Emotionen

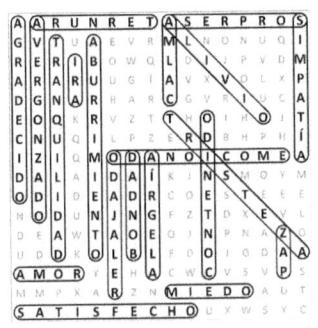

77 - Das Unternehmen

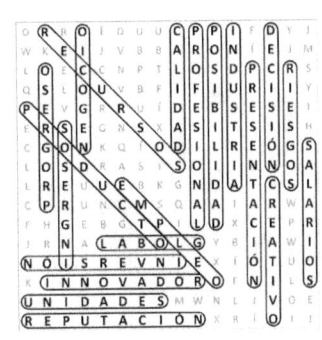

78 - Kräuterkunde

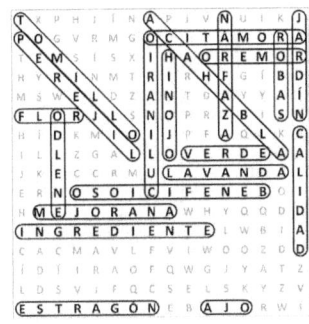

79 - Aktivitäten und Freizeit

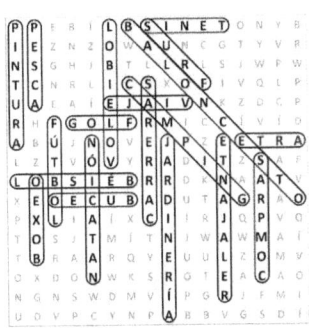

80 - Formen

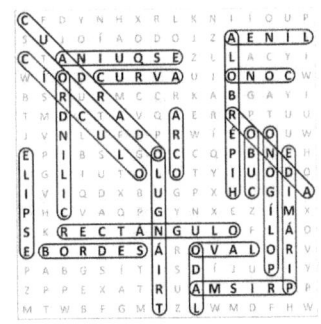

81 - Musik

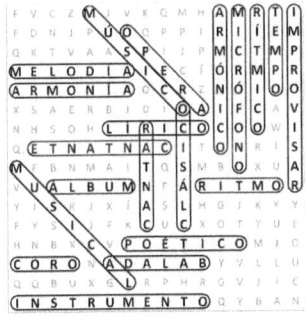

82 - Antiquitäten

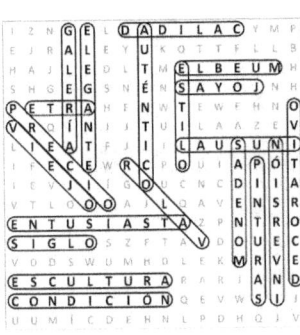

83 - Adjektive #2

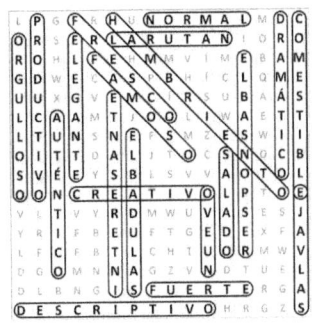

84 - Kleidung

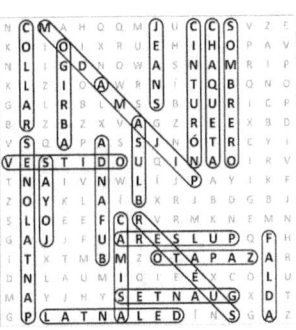

85 - Farben

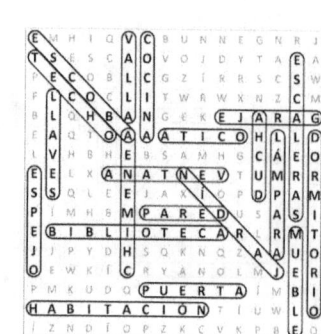

86 - Haus

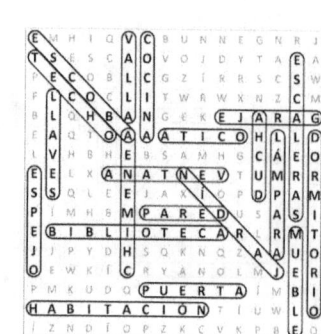

87 - Bauernhof #1

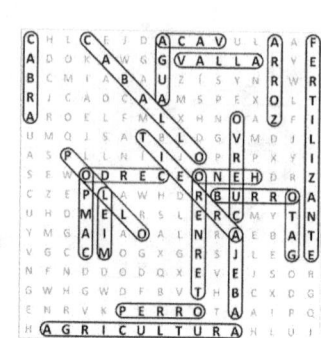

88 - Regierung

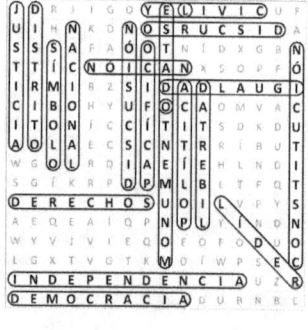

89 - Berufe #1

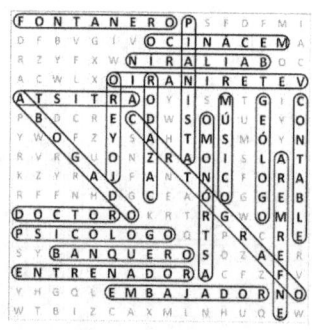

90 - Adjektive #1

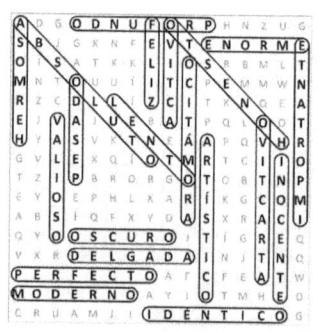

91 - Geometrie

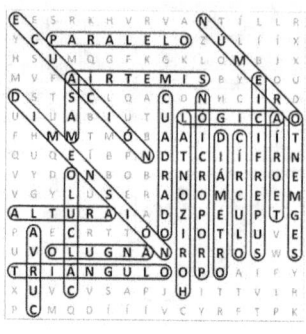

92 - Jazz

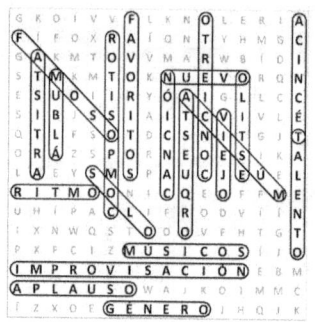

93 - Mathematik

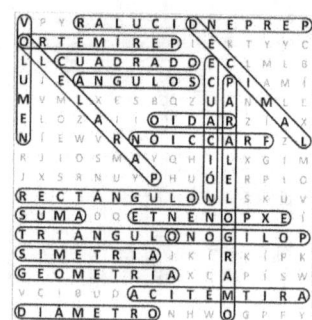

94 - Messungen

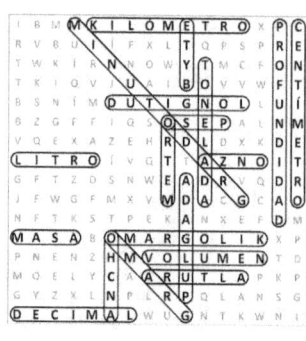

95 - Boxen

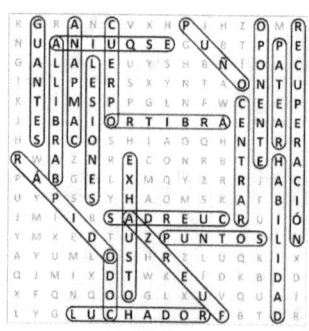

96 - Psychologie

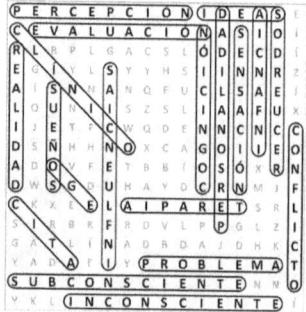

97 - Bauernhof #2

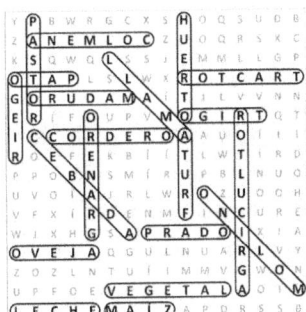

98 - Berufe #2

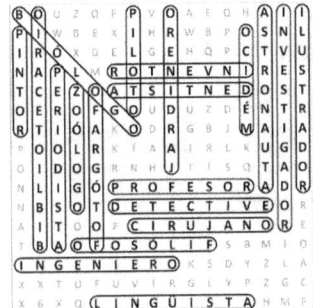

99 - Wetter

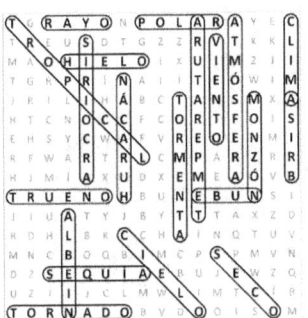

100 - Chemie

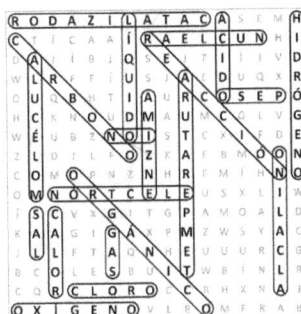

Wörterbuch

Abenteuer
Aventura

Aktivität	Actividad
Ausflug	Excursión
Begeisterung	Entusiasmo
Chance	Oportunidad
Freude	Alegría
Freunde	Amigos
Gefährlich	Peligroso
Natur	Naturaleza
Navigation	Navegación
Neu	Nuevo
Reisen	Viajes
Route	Itinerario
Schönheit	Belleza
Schwierigkeit	Dificultad
Sicherheit	Seguridad
Tapferkeit	Valentía
Ungewöhnlich	Inusual
Überraschend	Sorprendente
Vorbereitung	Preparación
Ziel	Destino

Adjektive #1
Adjetivos #1

Absolut	Absoluto
Aktiv	Activo
Aromatisch	Aromático
Attraktiv	Atractivo
Dunkel	Oscuro
Dünn	Delgada
Ehrlich	Honesto
Glücklich	Feliz
Identisch	Idéntico
Künstlerisch	Artístico
Langsam	Lento
Modern	Moderno
Perfekt	Perfecto
Riesig	Enorme
Schön	Hermosa
Schwer	Pesado
Tief	Profundo
Unschuldig	Inocente
Wertvoll	Valioso
Wichtig	Importante

Adjektive #2
Adjetivos #2

Authentisch	Auténtico
Berühmt	Famoso
Beschreibend	Descriptivo
Dramatisch	Dramático
Elegant	Elegante
Essbar	Comestible
Frisch	Fresco
Gesund	Saludable
Hungrig	Hambriento
Interessant	Interesante
Kreativ	Creativo
Natürlich	Natural
Neu	Nuevo
Normal	Normal
Produktiv	Productivo
Salzig	Salado
Stark	Fuerte
Stolz	Orgulloso
Verantwortlich	Responsable
Wild	Salvaje

Agronomie
Agronomía

Boden	Suelo
Dünger	Fertilizante
Energie	Energía
Erosion	Erosión
Forschung	Investigación
Gemüse	Verduras
Krankheit	Enfermedades
Landwirtschaft	Agricultura
Ländlich	Rural
Nachhaltig	Sostenible
Organisch	Orgánico
Ökologie	Ecología
Pflanzen	Plantas
Produktion	Producción
Studie	Estudio
Systeme	Sistemas
Verschmutzung	Contaminación
Wachstum	Crecimiento
Wasser	Agua
Wissenschaft	Ciencia

Aktivitäten
Actividades

Aktivität	Actividad
Angeln	Pesca
Camping	Camping
Entspannung	Relajación
Fotografie	Fotografía
Freizeit	Ocio
Gartenarbeit	Jardinería
Gemälde	Pintura
Jagd	Caza
Keramik	Cerámica
Kunst	Arte
Kunsthandwerk	Artesanía
Lesen	Lectura
Magie	Magia
Nähen	Costura
Spiele	Juegos
Stricken	Tejer
Tanzen	Baile
Vergnügen	Placer
Wandern	Senderismo

Aktivitäten und Freizeit
Actividades y Ocio

Angeln	Pesca
Baseball	Béisbol
Basketball	Baloncesto
Boxen	Boxeo
Camping	Camping
Einkaufen	Compras
Entspannend	Relajante
Fussball	Fútbol
Gartenarbeit	Jardinería
Gemälde	Pintura
Golf	Golf
Kunst	Arte
Reise	Viaje
Rennen	Carreras
Schwimmen	Natación
Surfen	Surf
Tauchen	Buceo
Tennis	Tenis
Volleyball	Voleibol
Wandern	Senderismo

Algebra
Álgebra

Bruchteil	Fracción
Diagramm	Diagrama
Exponent	Exponente
Faktor	Factor
Falsch	Falso
Formel	Fórmula
Gleichung	Ecuación
Linear	Lineal
Lösen	Resolver
Lösung	Solución
Matrix	Matriz
Menge	Cantidad
Null	Cero
Nummer	Número
Problem	Problema
Subtraktion	Resta
Summe	Suma
Unendlich	Infinito
Variable	Variable
Vereinfachen	Simplificar

Antarktis
Antártida

Bucht	Bahía
Eis	Hielo
Erhaltung	Conservación
Expedition	Expedición
Felsig	Rocoso
Forscher	Investigador
Geographie	Geografía
Gletscher	Glaciares
Halbinsel	Península
Inseln	Islas
Kontinent	Continente
Migration	Migración
Mineralien	Minerales
Temperatur	Temperatura
Topographie	Topografía
Vögel	Pájaros
Wasser	Agua
Wetter	Clima
Wind	Vientos
Wissenschaftlich	Científico

Antiquitäten
Antigüedades

Alt	Viejo
Authentisch	Auténtico
Dekorativ	Decorativo
Elegant	Elegante
Enthusiast	Entusiasta
Galerie	Galería
Gemälde	Pinturas
Investition	Inversión
Jahrhundert	Siglo
Kunst	Arte
Möbel	Mueble
Münzen	Monedas
Preis	Precio
Qualität	Calidad
Schmuck	Joyas
Skulptur	Escultura
Stil	Estilo
Ungewöhnlich	Inusual
Wert	Valor
Zustand	Condición

Archäologie
Arqueología

Analyse	Análisis
Antiquität	Antigüedad
Auswertung	Evaluación
Ära	Era
Experte	Experto
Forscher	Investigador
Fossil	Fósil
Geheimnis	Misterio
Grab	Tumba
Knochen	Huesos
Mannschaft	Equipo
Nachkomme	Descendiente
Objekte	Objetos
Professor	Profesor
Relikt	Reliquia
Tempel	Templo
Unbekannt	Desconocido
Uralt	Antiguo
Vergessen	Olvidado
Zivilisation	Civilización

Astronomie
Astronomía

Asteroid	Asteroide
Astronaut	Astronauta
Astronom	Astrónomo
Erde	Tierra
Himmel	Cielo
Komet	Cometa
Konstellation	Constelación
Kosmos	Cosmos
Meteor	Meteoro
Mond	Luna
Nebel	Nebulosa
Observatorium	Observatorio
Planet	Planeta
Rakete	Cohete
Satellit	Satélite
Stern	Estrella
Supernova	Supernova
Teleskop	Telescopio
Tierkreis	Zodíaco
Universum	Universo

Ballett
Ballet

Anmutig	Agraciado
Applaus	Aplauso
Ausdrucksvoll	Expresivo
Ballerina	Bailarina
Choreographie	Coreografía
Fähigkeit	Habilidad
Geste	Gesto
Intensität	Intensidad
Komponist	Compositor
Künstlerisch	Artístico
Musik	Música
Muskel	Músculos
Orchester	Orquesta
Probe	Ensayo
Publikum	Audiencia
Rhythmus	Ritmo
Solo	Solo
Stil	Estilo
Tänzer	Bailarines
Technik	Técnica

Barbecues
Barbacoas

Abendessen	Cena
Familie	Familia
Frucht	Fruta
Gabeln	Tenedores
Gemüse	Verduras
Grill	Parrilla
Heiss	Caliente
Huhn	Pollo
Hunger	Hambre
Kinder	Niños
Kochen	Cocina
Messer	Cuchillos
Mittagessen	Almuerzo
Musik	Música
Pfeffer	Pimienta
Salate	Ensaladas
Salz	Sal
Sommer	Verano
Sosse	Salsa
Spiele	Juegos

Bauernhof #1
Granja #1

Biene	Abeja
Dünger	Fertilizante
Esel	Burro
Feld	Campo
Heu	Heno
Honig	Miel
Huhn	Pollo
Hund	Perro
Kalb	Ternero
Katze	Gato
Krähe	Cuervo
Kuh	Vaca
Land	Tierra
Landwirtschaft	Agricultura
Pferd	Caballo
Reis	Arroz
Schwein	Cerdo
Wasser	Agua
Zaun	Valla
Ziege	Cabra

Bauernhof #2
Granja #2

Bauer	Agricultor
Bewässerung	Riego
Bienenstock	Colmena
Ente	Pato
Frucht	Fruta
Gemüse	Vegetal
Gerste	Cebada
Lama	Llama
Lamm	Cordero
Mais	Maíz
Milch	Leche
Obstgarten	Huerto
Reif	Maduro
Schaf	Oveja
Schäfer	Pastor
Scheune	Granero
Traktor	Tractor
Weizen	Trigo
Wiese	Prado
Windmühle	Molino

Berufe #1
Profesiones #1

Arzt	Doctor
Astronom	Astrónomo
Bankier	Banquero
Botschafter	Embajador
Buchhalter	Contable
Geologe	Geólogo
Jäger	Cazador
Juwelier	Joyero
Kartograph	Cartógrafo
Klempner	Fontanero
Krankenschwester	Enfermera
Künstler	Artista
Mechaniker	Mecánico
Musiker	Músico
Pianist	Pianista
Psychologe	Psicólogo
Rechtsanwalt	Abogado
Tänzer	Bailarín
Tierarzt	Veterinario
Trainer	Entrenador

Berufe #2
Profesiones #2

Arzt	Médico
Astronaut	Astronauta
Bibliothekar	Bibliotecario
Biologe	Biólogo
Chirurg	Cirujano
Detektiv	Detective
Erfinder	Inventor
Forscher	Investigador
Fotograf	Fotógrafo
Gärtner	Jardinero
Illustrator	Ilustrador
Ingenieur	Ingeniero
Journalist	Periodista
Lehrer	Profesor
Linguist	Lingüista
Maler	Pintor
Philosoph	Filósofo
Pilot	Piloto
Zahnarzt	Dentista
Zoologe	Zoólogo

Bienen
Abejas

Bestäuber	Polinizador
Bienenkorb	Colmena
Blumen	Flores
Blüte	Flor
Flügel	Alas
Frucht	Fruta
Garten	Jardín
Honig	Miel
Insekt	Insecto
Königin	Reina
Lebensraum	Hábitat
Ökosystem	Ecosistema
Pflanzen	Plantas
Pollen	Polen
Rauch	Humo
Schwarm	Enjambre
Sonne	Sol
Vielfalt	Diversidad
Vorteilhaft	Beneficioso
Wachs	Cera

Bildende Kunst
Artes Visuales

Architektur	Arquitectura
Bleistift	Lápiz
Film	Película
Foto	Fotografía
Gemälde	Pintura
Holzkohle	Carbón
Keramik	Cerámica
Kreativität	Creatividad
Kreide	Tiza
Künstler	Artista
Lack	Barniz
Meisterwerk	Obra Maestra
Perspektive	Perspectiva
Porträt	Retrato
Schablone	Plantilla
Skulptur	Escultura
Staffelei	Caballete
Stift	Pluma
Ton	Arcilla
Wachs	Cera

Biologie
Biología

Anatomie	Anatomía
Chromosom	Cromosoma
Embryo	Embrión
Enzym	Enzima
Evolution	Evolución
Hormon	Hormona
Kollagen	Colágeno
Mutation	Mutación
Natürlich	Natural
Nerv	Nervio
Neuron	Neurona
Osmose	Ósmosis
Pflanzen	Plantas
Photosynthese	Fotosíntesis
Protein	Proteína
Reptil	Reptil
Säugetier	Mamífero
Symbiose	Simbiosis
Synapse	Sinapsis
Zelle	Celda

Boote
Barcos

Anker	Ancla
Boje	Boya
Crew	Tripulación
Fähre	Ferry
Floss	Balsa
Fluss	Río
Kajak	Kayak
Kanu	Canoa
Maritim	Marítimo
Mast	Mástil
Meer	Mar
Motor	Motor
Nautisch	Náutico
Ozean	Océano
See	Lago
Seemann	Marinero
Segelboot	Velero
Seil	Cuerda
Wellen	Olas
Yacht	Yate

Boxen
Boxeo

Ecke	Esquina
Ellbogen	Codo
Erschöpft	Exhausto
Faust	Puño
Fähigkeit	Habilidad
Fokus	Centrar
Gegner	Oponente
Glocke	Campana
Handschuhe	Guantes
Kämpfer	Luchador
Kick	Patear
Kinn	Barbilla
Körper	Cuerpo
Punkte	Puntos
Recovery	Recuperación
Schiedsrichter	Árbitro
Schnell	Rápido
Seile	Cuerdas
Stärke	Fuerza
Verletzungen	Lesiones

Bücher
Libros

Abenteuer	Aventura
Autor	Autor
Dualität	Dualidad
Episch	Epopeya
Erfinderisch	Inventivo
Erzähler	Narrador
Gedicht	Poema
Geschichte	Historia
Geschrieben	Escrito
Historisch	Histórico
Humorvoll	Humorístico
Kollektion	Colección
Kontext	Contexto
Leser	Lector
Literarisch	Literario
Poesie	Poesía
Roman	Novela
Seite	Página
Serie	Serie
Tragisch	Trágico

Camping
Camping

Abenteuer	Aventura
Berg	Montaña
Feuer	Fuego
Hängematte	Hamaca
Hut	Sombrero
Insekt	Insecto
Jagd	Caza
Kabine	Cabina
Kanu	Canoa
Karte	Mapa
Kompass	Brújula
Laterne	Linterna
Mond	Luna
Natur	Naturaleza
See	Lago
Seil	Cuerda
Spass	Diversión
Tiere	Animales
Wald	Bosque
Zelt	Carpa

Chemie
Química

Alkalisch	Alcalino
Chlor	Cloro
Elektron	Electrón
Enzym	Enzima
Flüssigkeit	Líquido
Gas	Gas
Gewicht	Peso
Hitze	Calor
Ion	Ion
Katalysator	Catalizador
Kohlenstoff	Carbono
Molekül	Molécula
Nuklear	Nuclear
Organisch	Orgánico
Reaktion	Reacción
Salz	Sal
Sauerstoff	Oxígeno
Säure	Ácido
Temperatur	Temperatura
Wasserstoff	Hidrógeno

Das Unternehmen
La Empresa

Beschäftigung	Empleo
Einheiten	Unidades
Einnahmen	Ingresos
Entscheidung	Decisión
Fortschritt	Progreso
Geschäft	Negocio
Global	Global
Industrie	Industria
Innovativ	Innovador
Investition	Inversión
Kreativ	Creativo
Löhne	Salarios
Möglichkeit	Posibilidad
Präsentation	Presentación
Produkt	Producto
Professionell	Profesional
Qualität	Calidad
Ressourcen	Recursos
Risiken	Riesgos
Ruf	Reputación

Diplomatie
Diplomacia

Ausländisch	Extranjero
Berater	Asesor
Botschaft	Embajada
Botschafter	Embajador
Bürger	Ciudadanos
Diplomatisch	Diplomático
Diskussion	Discusión
Ethik	Ética
Gemeinschaft	Comunidad
Gerechtigkeit	Justicia
Humanitär	Humanitario
Integrität	Integridad
Konflikt	Conflicto
Lösung	Solución
Politik	Política
Regierung	Gobierno
Sicherheit	Seguridad
Sprachen	Idiomas
Vertrag	Tratado
Zusammenarbeit	Cooperación

Emotionen
Emociones

Angst	Miedo
Aufgeregt	Emocionado
Beschämt	Avergonzado
Dankbar	Agradecido
Entspannt	Relajado
Freude	Alegría
Freundlichkeit	Bondad
Frieden	Paz
Inhalt	Contenido
Langeweile	Aburrimiento
Liebe	Amor
Relief	Alivio
Ruhe	Tranquilidad
Ruhig	Calma
Sympathie	Simpatía
Traurigkeit	Tristeza
Überraschen	Sorpresa
Wut	Ira
Zärtlichkeit	Ternura
Zufrieden	Satisfecho

Energie
Energía

Batterie	Batería
Benzin	Gasolina
Brennstoff	Combustible
Dampf	Vapor
Diesel	Diesel
Elektrisch	Eléctrico
Elektron	Electrón
Entropie	Entropía
Erneuerbar	Renovable
Hitze	Calor
Industrie	Industria
Kohlenstoff	Carbono
Motor	Motor
Nuklear	Nuclear
Photon	Fotón
Sonne	Sol
Turbine	Turbina
Verschmutzung	Contaminación
Wasserstoff	Hidrógeno
Wind	Viento

Ernährung
Nutrición

Appetit	Apetito
Ausgewogen	Equilibrado
Bitter	Amargo
Diät	Dieta
Essbar	Comestible
Fermentation	Fermentación
Geschmack	Sabor
Gesund	Saludable
Gesundheit	Salud
Getreide	Cereales
Gewicht	Peso
Kalorien	Calorías
Kohlenhydrate	Carbohidratos
Nährstoff	Nutriente
Proteine	Proteínas
Qualität	Calidad
Sosse	Salsa
Toxin	Toxina
Verdauung	Digestión
Vitamin	Vitamina

Essen #1
Comida #1

Basilikum	Albahaca
Birne	Pera
Erdbeere	Fresa
Erdnuss	Maní
Fleisch	Carne
Kaffee	Café
Karotte	Zanahoria
Knoblauch	Ajo
Milch	Leche
Rübe	Nabo
Saft	Jugo
Salat	Ensalada
Salz	Sal
Spinat	Espinacas
Suppe	Sopa
Thunfisch	Atún
Zimt	Canela
Zitrone	Limón
Zucker	Azúcar
Zwiebel	Cebolla

Essen #2
Comida #2

Apfel	Manzana
Artischocke	Alcachofa
Aubergine	Berenjena
Banane	Plátano
Brokkoli	Brócoli
Brot	Pan
Ei	Huevo
Fisch	Pescado
Joghurt	Yogur
Käse	Queso
Kirsche	Cereza
Mandel	Almendra
Pilz	Seta
Reis	Arroz
Schinken	Jamón
Schokolade	Chocolate
Sellerie	Apio
Spargel	Espárrago
Tomate	Tomate
Weizen	Trigo

Ethik
Ética

Altruismus	Altruismo
Diplomatisch	Diplomático
Ehrlichkeit	Honestidad
Freundlichkeit	Bondad
Geduld	Paciencia
Integrität	Integridad
Menschheit	Humanidad
Mitgefühl	Compasión
Optimismus	Optimismo
Philosophie	Filosofía
Rationalität	Racionalidad
Realismus	Realismo
Respektvoll	Respetuoso
Toleranz	Tolerancia
Vernünftig	Razonable
Weisheit	Sabiduría
Werte	Valores
Wohlwollend	Benevolente
Würde	Dignidad
Zusammenarbeit	Cooperación

Fahren
Conduciendo

Auto	Coche
Bremsen	Frenos
Brennstoff	Combustible
Bus	Autobús
Garage	Garaje
Gas	Gas
Gefahr	Peligro
Geschwindigkeit	Velocidad
Karte	Mapa
Lizenz	Licencia
Lkw	Camión
Motor	Motor
Motorrad	Motocicleta
Polizei	Policía
Sicherheit	Seguridad
Transport	Transporte
Tunnel	Túnel
Unfall	Accidente
Verkehr	Tráfico
Vorsicht	Precaución

Fahrzeuge
Vehículos

Auto	Coche
Boot	Barco
Bus	Autobús
Fahrrad	Bicicleta
Fähre	Ferry
Floss	Balsa
Flugzeug	Avión
Hubschrauber	Helicóptero
Krankenwagen	Ambulancia
Lkw	Camión
Motor	Motor
Rakete	Cohete
Reifen	Neumáticos
Roller	Scooter
Taxi	Taxi
Traktor	Tractor
U-Bahn	Metro
U-Boot	Submarino
Wohnwagen	Caravana
Zug	Tren

Familie
Familia

Bruder	Hermano
Ehefrau	Esposa
Ehemann	Marido
Enkel	Nieto
Grossmutter	Abuela
Grossvater	Abuelo
Kind	Niño
Kindheit	Infancia
Mutter	Madre
Mütterlich	Materno
Neffe	Sobrino
Nichte	Sobrina
Onkel	Tío
Schwester	Hermana
Tante	Tía
Tochter	Hija
Vater	Padre
Väterlich	Paterno
Vetter	Primo
Vorfahr	Antepasado

Farben
Colores

Azurblau	Azur
Beige	Beige
Blau	Azul
Braun	Marrón
Fuchsie	Fucsia
Gelb	Amarillo
Grau	Gris
Grün	Verde
Indigo	Índigo
Lila	Púrpura
Magenta	Magenta
Orange	Naranja
Purpur	Carmesí
Rosa	Rosa
Rot	Rojo
Schwarz	Negro
Sepia	Sepia
Violett	Violeta
Weiss	Blanco
Zyan	Cian

Flugzeuge
Aviones

Abenteuer	Aventura
Abstieg	Descenso
Atmosphäre	Atmósfera
Ballon	Globo
Brennstoff	Combustible
Crew	Tripulación
Design	Diseño
Geschichte	Historia
Himmel	Cielo
Höhe	Altura
Konstruktion	Construcción
Luft	Aire
Motor	Motor
Navigieren	Navegar
Passagier	Pasajero
Pilot	Piloto
Propeller	Hélices
Turbulenz	Turbulencia
Wasserstoff	Hidrógeno
Wetter	Clima

Formen
Formas

Bogen	Arco
Dreieck	Triángulo
Ecke	Esquina
Ellipse	Elipse
Hyperbel	Hipérbola
Kanten	Bordes
Kegel	Cono
Kreis	Círculo
Kurve	Curva
Linie	Línea
Oval	Oval
Polygon	Polígono
Prisma	Prisma
Pyramide	Pirámide
Quadrat	Cuadrado
Rechteck	Rectángulo
Rund	Ronda
Seite	Lado
Würfel	Cubo
Zylinder	Cilindro

Garten
Jardín

Bank	Banco
Baum	Árbol
Blume	Flor
Boden	Suelo
Busch	Arbusto
Garage	Garaje
Garten	Jardín
Gras	Hierba
Hängematte	Hamaca
Obstgarten	Huerto
Rasen	Césped
Rechen	Rastrillo
Schaufel	Pala
Schlauch	Manguera
Teich	Estanque
Terrasse	Terraza
Trampolin	Trampolín
Unkraut	Malezas
Veranda	Porche
Zaun	Valla

Gebäude
Edificios

Bauernhof	Granja
Botschaft	Embajada
Fabrik	Fábrica
Garage	Garaje
Herberge	Albergue
Hotel	Hotel
Kabine	Cabina
Kino	Cine
Krankenhaus	Hospital
Labor	Laboratorio
Museum	Museo
Observatorium	Observatorio
Scheune	Granero
Schule	Escuela
Stadion	Estadio
Supermarkt	Supermercado
Theater	Teatro
Turm	Torre
Universität	Universidad
Zelt	Carpa

Gemüse
Verduras

Artischocke	Alcachofa
Aubergine	Berenjena
Blumenkohl	Coliflor
Brokkoli	Brócoli
Erbse	Guisante
Gurke	Pepino
Ingwer	Jengibre
Karotte	Zanahoria
Kartoffel	Patata
Knoblauch	Ajo
Kürbis	Calabaza
Olive	Oliva
Petersilie	Perejil
Pilz	Seta
Rübe	Nabo
Salat	Ensalada
Sellerie	Apio
Spinat	Espinacas
Tomate	Tomate
Zwiebel	Cebolla

Geographie
Geografía

Atlas	Atlas
Äquator	Ecuador
Berg	Montaña
Breite	Latitud
Fluss	Río
Gebiet	Territorio
Hemisphäre	Hemisferio
Höhe	Altitud
Insel	Isla
Karte	Mapa
Kontinent	Continente
Land	País
Meer	Mar
Meridian	Meridiano
Norden	Norte
Ozean	Océano
Region	Región
Stadt	Ciudad
Welt	Mundo
West	Oeste

Geologie
Geología

Erdbeben	Terremoto
Erosion	Erosión
Fossil	Fósil
Geschmolzen	Fundido
Geysir	Géiser
Höhle	Caverna
Kalzium	Calcio
Kontinent	Continente
Koralle	Coral
Lava	Lava
Mineralien	Minerales
Plateau	Meseta
Quarz	Cuarzo
Salz	Sal
Säure	Ácido
Stalagmiten	Estalagmitas
Stalaktit	Estalactita
Stein	Piedra
Vulkan	Volcán
Zone	Zona

Geometrie
Geometría

Anteil	Proporción
Berechnung	Cálculo
Dimension	Dimensión
Dreieck	Triángulo
Durchmesser	Diámetro
Gleichung	Ecuación
Horizontal	Horizontal
Höhe	Altura
Kreis	Círculo
Kurve	Curva
Logik	Lógica
Masse	Masa
Nummer	Número
Oberfläche	Superficie
Parallel	Paralelo
Quadrat	Cuadrado
Segment	Segmento
Symmetrie	Simetría
Theorie	Teoría
Winkel	Ángulo

Geschäft
Negocio

Arbeitgeber	Empleador
Budget	Presupuesto
Büro	Oficina
Einkommen	Ingreso
Fabrik	Fábrica
Geld	Dinero
Geschäft	Tienda
Gewinn	Lucro
Investition	Inversión
Karriere	Carrera
Kosten	Costo
Manager	Gerente
Mitarbeiter	Empleado
Rabatt	Descuento
Steuern	Impuestos
Transaktion	Transacción
Verkauf	Venta
Ware	Mercancía
Währung	Moneda
Wirtschaft	Economía

Gesundheit und Wellness #1
Salud y Bienestar #1

Aktiv	Activo
Apotheke	Farmacia
Arzt	Doctor
Bakterien	Bacterias
Behandlung	Tratamiento
Entspannung	Relajación
Fraktur	Fractura
Gewohnheit	Hábito
Haut	Piel
Höhe	Altura
Hunger	Hambre
Klinik	Clínica
Knochen	Huesos
Medizin	Medicina
Medizinisch	Médico
Nerven	Nervios
Reflex	Reflejo
Therapie	Terapia
Verletzung	Lesión
Virus	Virus

Gesundheit und Wellness #2
Salud y Bienestar #2

Allergie	Alergia
Anatomie	Anatomía
Appetit	Apetito
Blut	Sangre
Diät	Dieta
Energie	Energía
Genetik	Genética
Gesund	Saludable
Gewicht	Peso
Hygiene	Higiene
Infektion	Infección
Kalorie	Caloría
Krankenhaus	Hospital
Krankheit	Enfermedad
Massage	Masaje
Risiken	Riesgos
Schlafen	Dormir
Sport	Deportes
Stress	Estrés
Vitamin	Vitamina

Gewürze
Especias

Anis	Anís
Bitter	Amargo
Curry	Curry
Fenchel	Hinojo
Geschmack	Sabor
Ingwer	Jengibre
Kardamom	Cardamomo
Knoblauch	Ajo
Lakritze	Regaliz
Muskatnuss	Nuez Moscada
Nelke	Clavo
Paprika	Pimentón
Pfeffer	Pimienta
Safran	Azafrán
Salz	Sal
Sauer	Agrio
Süss	Dulce
Vanille	Vainilla
Zimt	Canela
Zwiebel	Cebolla

Globale Erwärmung
Calentamiento Global

Arktis	Ártico
Aufmerksamkeit	Atención
Bevölkerung	Poblaciones
Daten	Datos
Energie	Energía
Entwicklung	Desarrollo
Gas	Gas
Generationen	Generaciones
Gesetzgebung	Legislación
Industrie	Industria
International	Internacional
Jetzt	Ahora
Klima	Clima
Krise	Crisis
Lebensraum	Hábitats
Regierung	Gobierno
Temperaturen	Temperaturas
Umwelt	Ambiental
Wissenschaftler	Científico
Zukunft	Futuro

Haartypen
Tipos de Cabello

Blond	Rubio
Braun	Marrón
Dick	Grueso
Dünn	Delgada
Farbig	Coloreado
Geflochten	Trenzado
Gesund	Saludable
Grau	Gris
Kahl	Calvo
Kurz	Corto
Lang	Largo
Locken	Rizos
Lockig	Rizado
Schwarz	Negro
Silber	Plata
Trocken	Seco
Weich	Suave
Weiss	Blanco
Wellig	Ondulado
Zöpfe	Trenzas

Haus
Casa

Besen	Escoba
Bibliothek	Biblioteca
Dach	Techo
Dachboden	Ático
Dusche	Ducha
Fenster	Ventana
Garage	Garaje
Garten	Jardín
Kamin	Chimenea
Küche	Cocina
Lampe	Lámpara
Möbel	Mueble
Schlafzimmer	Dormitorio
Schlüssel	Llaves
Spiegel	Espejo
Treppe	Escaleras
Tür	Puerta
Wand	Pared
Zaun	Valla
Zimmer	Habitación

Ingenieurwesen
Ingeniería

Achse	Eje
Antrieb	Propulsión
Berechnung	Cálculo
Diagramm	Diagrama
Diesel	Diesel
Durchmesser	Diámetro
Energie	Energía
Flüssigkeit	Líquido
Getriebe	Engranajes
Hebel	Palancas
Konstruktion	Construcción
Maschine	Máquina
Messung	Medición
Motor	Motor
Stabilität	Estabilidad
Stärke	Fuerza
Struktur	Estructura
Tiefe	Profundidad
Verteilung	Distribución
Winkel	Ángulo

Jazz
Jazz

Album	Álbum
Alt	Viejo
Applaus	Aplauso
Berühmt	Famoso
Favoriten	Favoritos
Genre	Género
Improvisation	Improvisación
Komponist	Compositor
Konzert	Concierto
Künstler	Artista
Lied	Canción
Musik	Música
Musiker	Músicos
Neu	Nuevo
Orchester	Orquesta
Rhythmus	Ritmo
Solo	Solo
Stil	Estilo
Talent	Talento
Technik	Técnica

Kaffee
Café

Aroma	Aroma
Bitter	Amargo
Creme	Crema
Filter	Filtro
Flüssigkeit	Líquido
Geröstet	Asado
Geschmack	Sabor
Getränk	Bebida
Koffein	Cafeína
Mahlen	Moler
Milch	Leche
Morgen	Mañana
Preis	Precio
Sauer	Ácido
Schwarz	Negro
Tasse	Taza
Ursprung	Origen
Vielfalt	Variedad
Wasser	Agua
Zucker	Azúcar

Kleidung
Ropa

Armband	Pulsera
Bluse	Blusa
Gürtel	Cinturón
Halskette	Collar
Handschuhe	Guantes
Hemd	Camisa
Hose	Pantalones
Hut	Sombrero
Jacke	Chaqueta
Jeans	Jeans
Kleid	Vestido
Mantel	Abrigo
Mode	Moda
Pullover	Suéter
Rock	Falda
Schal	Bufanda
Schlafanzug	Pijama
Schmuck	Joyas
Schuh	Zapato
Schürze	Delantal

Krankheit
Enfermedad

Abdominal	Abdominal
Allergien	Alergias
Ansteckend	Contagioso
Atemwege	Respiratorio
Bakteriell	Bacteriano
Chronisch	Crónica
Entzündung	Inflamación
Erblich	Hereditario
Genetisch	Genético
Gesundheit	Salud
Herz	Corazón
Immunität	Inmunidad
Knochen	Huesos
Körper	Cuerpo
Neuropathie	Neuropatía
Schwach	Débil
Sinus	Seno
Syndrom	Síndrome
Therapie	Terapia
Wellness	Bienestar

Kräuterkunde
Herboristería

Aromatisch	Aromático
Basilikum	Albahaca
Blume	Flor
Dill	Eneldo
Estragon	Estragón
Fenchel	Hinojo
Garten	Jardín
Geschmack	Sabor
Grün	Verde
Knoblauch	Ajo
Kulinarisch	Culinario
Lavendel	Lavanda
Majoran	Mejorana
Petersilie	Perejil
Qualität	Calidad
Rosmarin	Romero
Safran	Azafrán
Thymian	Tomillo
Vorteilhaft	Beneficioso
Zutat	Ingrediente

Kreativität
Creatividad

Ausdruck	Expresión
Authentizität	Autenticidad
Bild	Imagen
Dramatisch	Dramático
Eindruck	Impresión
Erfinderisch	Inventivo
Fähigkeit	Habilidad
Flüssigkeit	Fluidez
Gefühle	Sentimientos
Ideen	Ideas
Inspiration	Inspiración
Intensität	Intensidad
Intuition	Intuición
Klarheit	Claridad
Künstlerisch	Artístico
Phantasie	Imaginación
Sensation	Sensación
Spontan	Espontáneo
Visionen	Visiones
Vitalität	Vitalidad

Kunst
Arte

Ausdruck	Expresión
Ehrlich	Honesto
Einfach	Sencillo
Gegenstand	Tema
Gemälde	Pinturas
Inspiriert	Inspirado
Keramik	Cerámica
Komplex	Complejo
Original	Original
Persönlich	Personal
Poesie	Poesía
Porträtieren	Retratar
Schaffen	Crear
Skulptur	Escultura
Stimmung	Humor
Surrealismus	Surrealismo
Symbol	Símbolo
Visuell	Visual
Zusammensetzung	Composición

Landschaften
Paisajes

Berg	Montaña
Eisberg	Iceberg
Fluss	Río
Geysir	Géiser
Gletscher	Glaciar
Golf	Golfo
Halbinsel	Península
Höhle	Cueva
Hügel	Colina
Insel	Isla
Meer	Mar
Oase	Oasis
See	Lago
Strand	Playa
Sumpf	Pantano
Tal	Valle
Tundra	Tundra
Vulkan	Volcán
Wasserfall	Cascada
Wüste	Desierto

Länder #1
Países #1

Ägypten	Egipto
Brasilien	Brasil
Deutschland	Alemania
Finnland	Finlandia
Indien	India
Irak	Irak
Israel	Israel
Italien	Italia
Kambodscha	Camboya
Kanada	Canadá
Lettland	Letonia
Mali	Malí
Nicaragua	Nicaragua
Norwegen	Noruega
Polen	Polonia
Rumänien	Rumania
Senegal	Senegal
Spanien	España
Venezuela	Venezuela
Vietnam	Vietnam

Länder #2
Países #2

Albanien	Albania
Äthiopien	Etiopía
Frankreich	Francia
Griechenland	Grecia
Haiti	Haití
Irland	Irlanda
Jamaika	Jamaica
Japan	Japón
Kenia	Kenia
Laos	Laos
Liberia	Liberia
Mexiko	México
Nepal	Nepal
Nigeria	Nigeria
Pakistan	Pakistán
Russland	Rusia
Sudan	Sudán
Syrien	Siria
Uganda	Uganda
Ukraine	Ucrania

Literatur
Literatura

Analogie	Analogía
Analyse	Análisis
Anekdote	Anécdota
Autor	Autor
Beschreibung	Descripción
Biographie	Biografía
Dialog	Diálogo
Erzähler	Narrador
Fiktion	Ficción
Gedicht	Poema
Metapher	Metáfora
Poetisch	Poético
Reim	Rima
Rhythmus	Ritmo
Roman	Novela
Schlussfolgerung	Conclusión
Stil	Estilo
Thema	Tema
Tragödie	Tragedia
Vergleich	Comparación

Mathematik
Matemáticas

Arithmetik	Aritmética
Bruchteil	Fracción
Dezimal	Decimal
Dreieck	Triángulo
Durchmesser	Diámetro
Exponent	Exponente
Geometrie	Geometría
Gleichung	Ecuación
Parallel	Paralelo
Parallelogramm	Paralelogramo
Polygon	Polígono
Quadrat	Cuadrado
Radius	Radio
Rechteck	Rectángulo
Senkrecht	Perpendicular
Summe	Suma
Symmetrie	Simetría
Umfang	Perímetro
Volumen	Volumen
Winkel	Ángulos

Meditation
Meditación

Annahme	Aceptación
Aufmerksamkeit	Atención
Bewegung	Movimiento
Dankbarkeit	Gratitud
Freundlichkeit	Bondad
Frieden	Paz
Gedanken	Pensamientos
Geistig	Mental
Glück	Felicidad
Klarheit	Claridad
Lehre	Enseñanzas
Lernen	Aprender
Mitgefühl	Compasión
Musik	Música
Natur	Naturaleza
Perspektive	Perspectiva
Ruhig	Calma
Stille	Silencio
Verstand	Mente
Wach	Despierto

Menschlicher Körper
Cuerpo Humano

Bein	Pierna
Blut	Sangre
Ellbogen	Codo
Finger	Dedo
Gehirn	Cerebro
Gesicht	Cara
Hals	Cuello
Hand	Mano
Haut	Piel
Herz	Corazón
Kiefer	Mandíbula
Kinn	Barbilla
Knie	Rodilla
Knöchel	Tobillo
Kopf	Cabeza
Mund	Boca
Nase	Nariz
Ohr	Oreja
Schulter	Hombro
Zunge	Lengua

Messungen
Mediciones

Breite	Ancho
Byte	Byte
Dezimal	Decimal
Gewicht	Peso
Grad	Grado
Gramm	Gramo
Höhe	Altura
Kilogramm	Kilogramo
Kilometer	Kilómetro
Länge	Longitud
Liter	Litro
Masse	Masa
Meter	Metro
Minute	Minuto
Tiefe	Profundidad
Tonne	Tonelada
Unze	Onza
Volumen	Volumen
Zentimeter	Centímetro
Zoll	Pulgada

Mode
Moda

Anspruchsvoll	Sofisticado
Bescheiden	Modesto
Boutique	Boutique
Einfach	Sencillo
Elegant	Elegante
Erschwinglich	Asequible
Kleidung	Ropa
Minimalistisch	Minimalista
Modern	Moderno
Muster	Patrón
Original	Original
Praktisch	Práctico
Spitze	Encaje
Stickerei	Bordado
Stil	Estilo
Stoff	Tejido
Tasten	Botones
Teuer	Caro
Textur	Textura
Trend	Tendencia

Musik
Música

Album	Álbum
Ballade	Balada
Chor	Coro
Harmonie	Armonía
Harmonisch	Armónico
Improvisieren	Improvisar
Instrument	Instrumento
Klassisch	Clásico
Lyrisch	Lírico
Melodie	Melodía
Mikrofon	Micrófono
Musical	Musical
Musiker	Músico
Oper	Ópera
Poetisch	Poético
Rhythmisch	Rítmico
Rhythmus	Ritmo
Sänger	Cantante
Singen	Cantar
Tempo	Tempo

Musikinstrumente
Instrumentos Musicales

Banjo	Banjo
Cello	Violonchelo
Fagott	Fagot
Flöte	Flauta
Geige	Violín
Gitarre	Guitarra
Gong	Gong
Harfe	Arpa
Klarinette	Clarinete
Klavier	Piano
Mandoline	Mandolina
Marimba	Marimba
Mundharmonika	Armónica
Oboe	Oboe
Posaune	Trombón
Saxophon	Saxofón
Schlagzeug	Percusión
Tamburin	Pandereta
Trommel	Tambor
Trompete	Trompeta

Mythologie
Mitología

Archetyp	Arquetipo
Blitz	Rayo
Donner	Trueno
Eifersucht	Celos
Held	Héroe
Himmel	Cielo
Katastrophe	Desastre
Kreation	Creación
Kreatur	Criatura
Krieger	Guerrero
Kultur	Cultura
Labyrinth	Laberinto
Legende	Leyenda
Magisch	Mágico
Monster	Monstruo
Rache	Venganza
Stärke	Fuerza
Sterblich	Mortal
Triumphierend	Triunfante
Unsterblichkeit	Inmortalidad

Natur
Naturaleza

Arktis	Ártico
Berge	Montañas
Bienen	Abejas
Dynamisch	Dinámico
Erosion	Erosión
Fluss	Río
Friedlich	Pacífico
Gletscher	Glaciar
Heiligtum	Santuario
Heiter	Sereno
Laub	Follaje
Lebenswichtig	Vital
Nebel	Niebla
Schönheit	Belleza
Schutz	Refugio
Tiere	Animales
Tropisch	Tropical
Wald	Bosque
Wild	Salvaje
Wüste	Desierto

Obst
Fruta

Ananas	Piña
Apfel	Manzana
Aprikose	Albaricoque
Avocado	Aguacate
Banane	Plátano
Beere	Baya
Birne	Pera
Brombeere	Mora
Himbeere	Frambuesa
Kirsche	Cereza
Kiwi	Kiwi
Kokosnuss	Coco
Melone	Melón
Nektarine	Nectarina
Orange	Naranja
Papaya	Papaya
Pfirsich	Melocotón
Pflaume	Ciruela
Traube	Uva
Zitrone	Limón

Ozean
Océano

Aal	Anguila
Auster	Ostra
Boot	Barco
Delfin	Delfín
Fisch	Pescado
Garnele	Camarón
Gezeiten	Mareas
Hai	Tiburón
Koralle	Coral
Krabbe	Cangrejo
Krake	Pulpo
Qualle	Medusa
Riff	Arrecife
Salz	Sal
Schildkröte	Tortuga
Schwamm	Esponja
Sturm	Tormenta
Thunfisch	Atún
Wal	Ballena
Wellen	Olas

Ökologie
Ecología

Art	Especie
Berge	Montañas
Dürre	Sequía
Fauna	Fauna
Flora	Flora
Freiwillige	Voluntarios
Gemeinschaft	Comunidades
Global	Global
Klima	Clima
Lebensraum	Hábitat
Marine	Marino
Nachhaltig	Sostenible
Natur	Naturaleza
Natürlich	Natural
Pflanzen	Plantas
Ressourcen	Recursos
Sumpf	Pantano
Überleben	Supervivencia
Vegetation	Vegetación
Vielfalt	Diversidad

Pflanzen
Plantas

Bambus	Bambú
Baum	Árbol
Beere	Baya
Blatt	Hoja
Blume	Flor
Blütenblatt	Pétalo
Bohne	Frijol
Botanik	Botánica
Busch	Arbusto
Dünger	Fertilizante
Efeu	Hiedra
Flora	Flora
Garten	Jardín
Gras	Hierba
Kaktus	Cactus
Laub	Follaje
Moos	Musgo
Vegetation	Vegetación
Wald	Bosque
Wurzel	Raíz

Philanthropie
Filantropía

Brauchen	Necesitar
Ehrlichkeit	Honestidad
Finanzieren	Finanzas
Gemeinschaft	Comunidad
Geschichte	Historia
Global	Global
Grosszügigkeit	Generosidad
Gruppen	Grupos
Jugend	Juventud
Kinder	Niños
Kontakte	Contactos
Menschen	Gente
Menschheit	Humanidad
Mission	Misión
Mittel	Fondos
Nächstenliebe	Caridad
Öffentlich	Público
Programme	Programas
Spenden	Donar
Ziele	Metas

Physik
Física

Atom	Átomo
Beschleunigung	Aceleración
Chaos	Caos
Chemisch	Químico
Dichte	Densidad
Elektron	Electrón
Experiment	Experimento
Formel	Fórmula
Frequenz	Frecuencia
Gas	Gas
Geschwindigkeit	Velocidad
Magnetismus	Magnetismo
Masse	Masa
Mechanik	Mecánica
Molekül	Molécula
Motor	Motor
Nuklear	Nuclear
Partikel	Partícula
Relativität	Relatividad
Universal	Universal

Psychologie
Psicología

Bewertung	Evaluación
Bewusstlos	Inconsciente
Ego	Ego
Einflüsse	Influencias
Erinnerungen	Recuerdos
Gedanken	Pensamientos
Ideen	Ideas
Kindheit	Infancia
Klinisch	Clínico
Kognition	Cognición
Konflikt	Conflicto
Persönlichkeit	Personalidad
Problem	Problema
Sensation	Sensación
Termin	Cita
Therapie	Terapia
Träume	Sueños
Unterbewusstsein	Subconsciente
Wahrnehmung	Percepción
Wirklichkeit	Realidad

Regierung
Gobierno

Bezirk	Distrito
Demokratie	Democracia
Denkmal	Monumento
Diskussion	Discusión
Freiheit	Libertad
Friedlich	Pacífico
Führer	Líder
Gerechtigkeit	Justicia
Gesetz	Ley
Gleichheit	Igualdad
Nation	Nación
National	Nacional
Politik	Política
Rechte	Derechos
Rede	Discurso
Staat	Estado
Symbol	Símbolo
Unabhängigkeit	Independencia
Verfassung	Constitución
Zivil	Civil

Restaurant #2
Restaurante #2

Abendessen	Cena
Eis	Hielo
Fisch	Pescado
Frucht	Fruta
Gabel	Tenedor
Gemüse	Verduras
Getränk	Bebida
Gewürze	Especias
Kellner	Camarero
Köstlich	Delicioso
Kuchen	Pastel
Löffel	Cuchara
Mittagessen	Almuerzo
Nudeln	Fideos
Salat	Ensalada
Salz	Sal
Stuhl	Silla
Suppe	Sopa
Vorspeise	Aperitivo
Wasser	Agua

Säugetiere
Mamíferos

Affe	Mono
Bär	Oso
Biber	Castor
Elefant	Elefante
Fuchs	Zorro
Giraffe	Jirafa
Gorilla	Gorila
Hund	Perro
Känguru	Canguro
Kojote	Coyote
Löwe	León
Panther	Pantera
Pferd	Caballo
Ratte	Rata
Schaf	Oveja
Stier	Toro
Tiger	Tigre
Wal	Ballena
Wolf	Lobo
Zebra	Cebra

Schach
Ajedrez

Champion	Campeón
Diagonal	Diagonal
Gegner	Oponente
Klug	Inteligente
König	Rey
Königin	Reina
Lernen	Aprender
Opfer	Sacrificio
Passiv	Pasivo
Punkte	Puntos
Regeln	Reglas
Schwarz	Negro
Spiel	Juego
Spieler	Jugador
Strategie	Estrategia
Turnier	Torneo
Weiss	Blanco
Wettbewerb	Concurso
Zeit	Tiempo

Schokolade
Chocolate

Antioxidans	Antioxidante
Aroma	Aroma
Bitter	Amargo
Erdnüsse	Cacahuetes
Essen	Comer
Exotisch	Exótico
Favorit	Favorito
Geschmack	Gusto
Handwerklich	Artesanal
Kakao	Cacao
Kalorien	Calorías
Karamell	Caramelo
Kokosnuss	Coco
Köstlich	Delicioso
Pulver	Polvo
Qualität	Calidad
Rezept	Receta
Süss	Dulce
Zucker	Azúcar
Zutat	Ingrediente

Schönheit
Belleza

Anmut	Gracia
Charme	Encanto
Dienstleistungen	Servicios
Duft	Fragancia
Elegant	Elegante
Eleganz	Elegancia
Farbe	Color
Fotogen	Fotogénico
Glatt	Suave
Haut	Piel
Kosmetik	Cosméticos
Lippenstift	Pintalabios
Locken	Rizos
Öle	Aceites
Produkte	Productos
Schere	Tijeras
Shampoo	Champú
Spiegel	Espejo
Stylist	Estilista
Wimperntusche	Rímel

Science Fiction
Ciencia Ficción

Bücher	Libros
Dystopie	Distopía
Explosion	Explosión
Extrem	Extremo
Fantastisch	Fantástico
Feuer	Fuego
Futuristisch	Futurista
Galaxie	Galaxia
Geheimnisvoll	Misterioso
Illusion	Ilusión
Imaginär	Imaginario
Kino	Cine
Orakel	Oráculo
Planet	Planeta
Realistisch	Realista
Roboter	Robots
Szenario	Escenario
Technologie	Tecnología
Utopie	Utopía
Welt	Mundo

Sport
Deporte

Athlet	Atleta
Atmen	Respirar
Ausdauer	Resistencia
Diät	Dieta
Ernährung	Nutrición
Fähigkeit	Capacidad
Gesundheit	Salud
Knochen	Huesos
Körper	Cuerpo
Maximieren	Maximizar
Metabolisch	Metabólico
Muskel	Músculos
Programm	Programa
Radfahren	Ciclismo
Schwimmen	Nadar
Sport	Deportes
Stärke	Fuerza
Tanzen	Baile
Trainer	Entrenador
Ziel	Meta

Stadt
Ciudad

Apotheke	Farmacia
Bank	Banco
Bäckerei	Panadería
Bibliothek	Biblioteca
Blumenhändler	Florista
Buchhandlung	Librería
Flughafen	Aeropuerto
Galerie	Galería
Hotel	Hotel
Kino	Cine
Klinik	Clínica
Markt	Mercado
Museum	Museo
Restaurant	Restaurante
Schule	Escuela
Stadion	Estadio
Supermarkt	Supermercado
Theater	Teatro
Universität	Universidad
Zoo	Zoo

Tage und Monate
Días y Meses

August	Agosto
Dezember	Diciembre
Dienstag	Martes
Donnerstag	Jueves
Februar	Febrero
Freitag	Viernes
Jahr	Año
Januar	Enero
Juli	Julio
Juni	Junio
Kalender	Calendario
Mittwoch	Miércoles
Monat	Mes
Montag	Lunes
November	Noviembre
Oktober	Octubre
Samstag	Sábado
September	Septiembre
Sonntag	Domingo
Woche	Semana

Tanzen
Baile

Akademie	Academia
Anmut	Gracia
Ausdrucksvoll	Expresivo
Bewegung	Movimiento
Choreographie	Coreografía
Emotion	Emoción
Freudig	Alegre
Haltung	Postura
Klassisch	Clásico
Körper	Cuerpo
Kultur	Cultura
Kulturell	Cultural
Kunst	Arte
Musik	Música
Partner	Socio
Probe	Ensayo
Rhythmus	Ritmo
Springen	Saltar
Traditionell	Tradicional
Visuell	Visual

Universum
Universo

Asteroid	Asteroide
Astronom	Astrónomo
Astronomie	Astronomía
Atmosphäre	Atmósfera
Äon	Eón
Äquator	Ecuador
Breite	Latitud
Dunkelheit	Oscuridad
Galaxie	Galaxia
Hemisphäre	Hemisferio
Himmel	Cielo
Horizont	Horizonte
Kosmisch	Cósmico
Längengrad	Longitud
Mond	Luna
Orbit	Órbita
Sichtbar	Visible
Sonnenwende	Solsticio
Teleskop	Telescopio
Tierkreis	Zodíaco

Urlaub #2
Vacaciones #2

Ausländer	Extranjero
Berge	Montañas
Camping	Camping
Flughafen	Aeropuerto
Freizeit	Ocio
Hotel	Hotel
Insel	Isla
Karte	Mapa
Meer	Mar
Pass	Pasaporte
Reise	Viaje
Restaurant	Restaurante
Strand	Playa
Taxi	Taxi
Transport	Transporte
Urlaub	Vacaciones
Visum	Visa
Zelt	Carpa
Ziel	Destino
Zug	Tren

Vögel
Pájaros

Adler	Águila
Ei	Huevo
Ente	Pato
Eule	Búho
Flamingo	Flamenco
Gans	Ganso
Huhn	Pollo
Krähe	Cuervo
Kuckuck	Cuco
Möwe	Gaviota
Papagei	Loro
Pelikan	Pelícano
Pfau	Pavo Real
Pinguin	Pingüino
Reiher	Garza
Schwan	Cisne
Spatz	Gorrión
Storch	Cigüeña
Taube	Paloma
Toucan	Tucán

Wasser
Agua

Bewässerung	Riego
Dampf	Vapor
Dusche	Ducha
Eis	Hielo
Feucht	Húmedo
Feuchtigkeit	Humedad
Fluss	Río
Flut	Inundación
Frost	Helada
Geysir	Géiser
Hurrikan	Huracán
Kanal	Canal
Monsun	Monzón
Ozean	Océano
Regen	Lluvia
Schnee	Nieve
See	Lago
Trinkbar	Potable
Verdunstung	Evaporación
Wellen	Olas

Wetter
Clima

Atmosphäre	Atmósfera
Blitz	Rayo
Brise	Brisa
Donner	Trueno
Dürre	Sequía
Eis	Hielo
Himmel	Cielo
Hurrikan	Huracán
Klima	Clima
Monsun	Monzón
Nebel	Niebla
Polar	Polar
Regenbogen	Arco Iris
Sturm	Tormenta
Temperatur	Temperatura
Tornado	Tornado
Trocken	Seco
Tropisch	Tropical
Wind	Viento
Wolke	Nube

Wissenschaft
Ciencia

Atom	Átomo
Chemisch	Químico
Daten	Datos
Evolution	Evolución
Experiment	Experimento
Fossil	Fósil
Hypothese	Hipótesis
Klima	Clima
Labor	Laboratorio
Methode	Método
Mineralien	Minerales
Moleküle	Moléculas
Natur	Naturaleza
Organismus	Organismo
Partikel	Partículas
Pflanzen	Plantas
Physik	Física
Schwerkraft	Gravedad
Tatsache	Hecho
Wissenschaftler	Científico

Wissenschaftliche Disziplinen
Disciplinas Científicas

Anatomie	Anatomía
Archäologie	Arqueología
Astronomie	Astronomía
Biochemie	Bioquímica
Biologie	Biología
Botanik	Botánica
Chemie	Química
Geologie	Geología
Immunologie	Inmunología
Kinesiologie	Kinesiología
Linguistik	Lingüística
Mechanik	Mecánica
Mineralogie	Mineralogía
Neurologie	Neurología
Ökologie	Ecología
Physiologie	Fisiología
Psychologie	Psicología
Soziologie	Sociología
Thermodynamik	Termodinámica
Zoologie	Zoología

Zahlen
Números

Acht	Ocho
Achtzehn	Dieciocho
Dezimal	Decimal
Drei	Tres
Dreizehn	Trece
Fünf	Cinco
Fünfzehn	Quince
Neun	Nueve
Neunzehn	Diecinueve
Null	Cero
Sechs	Seis
Sechzehn	Dieciséis
Sieben	Siete
Siebzehn	Diecisiete
Vier	Cuatro
Vierzehn	Catorce
Zehn	Diez
Zwanzig	Veinte
Zwei	Dos
Zwölf	Doce

Zeit
Tiempo

Gestern	Ayer
Heute	Hoy
Jahr	Año
Jahrhundert	Siglo
Jahrzehnt	Década
Jährlich	Anual
Jetzt	Ahora
Kalender	Calendario
Minute	Minuto
Mittag	Mediodía
Monat	Mes
Morgen	Mañana
Nach	Después
Nacht	Noche
Stunde	Hora
Tag	Día
Uhr	Reloj
Vor	Antes
Woche	Semana
Zukunft	Futuro

Gratuliere

Sie haben es geschafft !!

Wir hoffen, dass euch dieses Buch genauso viel Spaß gemacht hat wie uns dessen Herstellung. Wir tun unser Bestes, um qualitativ hochwertige Spiele zu erfinden. Diese Rätsel sind auf eine clevere Art und Weise entworfen, damit sie aktiv lernen und daran Vergnügen finden.

Hat ihnen das Buch gefallen ?

Eine einfache Bitte

Unsere Bücher existieren dank der Rezensionen, die sie veröffentlichen. Können sie uns helfen indem sie jetzt eine Meinung hinterlassen ?

Hier ist ein kurzer Link, der Sie zu ihrer Bewertungsseite führt

 BestBooksActivity.com/Rezension50

MONSTER HERAUSFÖRDERUNGEN !

Herausförderung 1

Bereit für ihr Bonusspiel? Wir verwenden sie ständig, aber sie sind nicht einfach zu finden. Es sind die Synonyme !

Notieren sie 5 Wörter, die sie in den untenstehenden Rätseln (Nummer 21, 36 und 76) entdeckt haben und versuchen sie für jedes Wort 2 Synonyme zu finden .

Notieren sie 5 Wörter aus Rätsel 21

Wörter	Synonym 1	Synonym 2

Notieren sie 5 Wörter aus Rätsel 36

Wörter	Synonym 1	Synonym 2

Notieren sie 5 Wörter aus Rätsel 76

Wörter	Synonym 1	Synonym 2

Herausförderung 2

Jetzt, wo sie warm sind, notieren sie 5 Wörter, die sie in jedem der untenaufgeführten Rätseln entdeckt haben (Nummer 9, 17 und 25) und versuchen sie für jedes Wort 2 Antonyme zu finden. Wie viele davon können sie binnen 20 Minuten finden ?

Notieren sie 5 Wörter aus **Rätsel 9**

Wörter	Antonym 1	Antonym 2

Notieren sie 5 Wörter aus **Rätsel 17**

Wörter	Antonym 1	Antonym 2

Notieren sie 5 Wörter aus **Rätsel 25**

Wörter	Antonym 1	Antonym 2

Herausförderung 3

Wunderbar, diese Monster Herausförderung 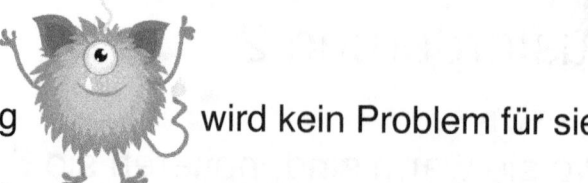 wird kein Problem für sie sein !

Bereit für die letzte Herausförderung? Wählen sie ihre 10 Lieblingswörter aus, die sie in einem Rätsel entdeckt haben und notieren sie sie unten.

1.	6.
2.	7.
3.	8.
4.	9.
5.	10.

Die Aufgabe besteht nun darin mit diesen Wörtern und in maximal sechs Sätzen einen Text herzustellen über eine Person, ein Tier oder ein Ort den sie lieben !

Tipp : sie können die letzten leeren Seiten dieses Buches als Entwurf verwenden

Ihr Schreiben :

NOTIZBUCH :

AUF BALDIGES WIEDERSEHEN !

Linguas Classics

KOSTENLOSE SPIELE GENIESSEN

GO

↓

BESTACTIVITYBOOKS.COM/FREEGAMES

www.ingramcontent.com/pod-product-compliance
Lightning Source LLC
Chambersburg PA
CBHW082102120626
46553CB00011B/3507